JN092354

●コンパクト 法学ライブラリ-13●

コンパクト 労働法

第 2 版

原 昌登

新世社

第2版へのはしがき

　本書は，労働法の入門書です。

　「読みやすく」「わかりやすい」ことを第一に考えました。初版刊行後の「働き方改革」の内容を盛り込みつつ，本書を講義テキストにしている成蹊大学の学生たちとの議論や，これまで担当した各種の講演，労働法セミナー等の経験をふまえて全面改訂を行い，内容の充実を図りました。

　この第2版も，2014年刊行の初版と同じく，多くの方々に支えていただき，刊行することができました。恩師の水町勇一郎先生（東京大学教授），そして森戸英幸先生（慶應義塾大学教授），山川隆一先生（東京大学教授）をはじめとする東京大学労働法研究会，東北社会法研究会の先生方には，引き続き，温かいご指導をいただいています。また，初版刊行後，産労総合研究所の「労務事情」誌に「ゼロから始める労働法レッスン」という連載の機会を得たことで，本書をさらに充実させることができました。同連載担当の大江有起さん，同誌編集長の日野啓介さんに深く感謝します。そして，柴田洋二郎さん（中京大学准教授），長谷川珠子さん（福島大学准教授），新世社の御園生晴彦さん，谷口雅彦さんには今回も万全のサポートをしていただきました。本当にありがとうございました。

　最後に，妻と息子，両親，そして亡き祖父母に，今回も「ありがとう」の気持ちを伝えたいと思います。

　2019 年 11 月

原　昌登

初版へのはしがき

　本書は，労働法の入門書です。

　初めて労働法を学ぼうとする方がさっと読み通せるように，細かい内容は削り，基本的な内容だけを盛り込みました。

　筆者がこれまでに成蹊大学，東北大学などの授業や社会人の方を対象とした労働法セミナーで労働法の基本を解説し，質疑応答を行ってきた経験を活かし，できるだけわかりやすくまとめました。

　「基本」がわかっていれば，発展的な内容を詳しい教科書で調べたり，最新の情報を Web サイトで補充したりすることは簡単です。本書を通して労働法の全体像をつかみ，重要な用語やルールの内容を身につければ，「基本」としては十分であると思います。

　本書の特徴は，とにかく「読みやすさ」を重視した点にあります。

　どんどん読み進められるように，コンパクトな分量で，脚注は使わずに話し言葉で書き，判例などの紹介も最小限にしました。「設例」や問いかけを通して，具体的なイメージを持ちながら読めるように工夫しました。文章だけでなく図表や箇条書きも用いたほか，「細かい話だけど知っておくと理解が深まる」といった内容は「コラム」として載せてあります。

　さらに，各章の冒頭にその章で学ぶことのポイントを載せて，何を学ぶのか意識してから読めるようにするとともに，各章の最後に詳しい教科書の対応するページを載せて，発展的な学習ができるようにしました。

　最初はざっくりでもかまわないので，労働法の全体像をつかむことを意識しながら読んでみてください。勉強や仕事で労働法のある

特定のテーマについて知りたいのに，他のテーマの知識がないので先に進めない…といったことにならないように，本書でひととおり基本をおさえていただければと思います。

　本書ができあがるまでには，実に多くの方々にお世話になりました。

　筆者を研究・教育の道に導いてくださるとともに，いつも温かく見守ってくださっている恩師の水町勇一郎先生（東京大学教授）には，どれだけ感謝しても感謝しきれない思いで一杯です。成蹊大学で教鞭を執るきっかけを作ってくださった森戸英幸先生（慶應義塾大学教授），本書の執筆者としてご推薦くださった山川隆一先生（東京大学教授），そして東京大学労働法研究会，東北社会法研究会の先生方にも，深く感謝しております。

　大学の労働法ゼミ（水町ゼミ）以来の仲間である柴田洋二郎さん（中京大学准教授），長谷川珠子さん（福島大学准教授）からは，本書の草稿に的確なアドバイスをいただきました。また，新世社の御園生晴彦さん，谷口雅彦さんは，筆者を根気強く見守りながら万全のサポートをしてくださいました。本当にありがとうございました。

　最後に，妻，両親，そして亡き祖父母に，あらためて「ありがとう」の気持ちを伝えたいと思います。

2014 年 6 月

　　　　　　　　　　　　　　　　　　　　原　昌登

目　次

第Ⅱ編　雇用関係法

第Ⅳ編　労働紛争解決法

凡　例

※　第2版刊行にあたり，初版の【コラム】のうち重要なものを本文に移し，細かい内容を【参考】として整理し直すとともに，各章末に詳しい教科書の該当頁を載せていた「さらに詳しく」のコーナーを廃止して，凡例の「(3) 参考文献」にまとめるなどの変更を行っています。

(1) 法令（法律，命令〔政令，省令等〕）の略称
［最も重要な3つの法律］

　労基法　労働基準法
　労契法　労働契約法
　労組法　労働組合法
　　　以下は50音順（よく使われる略称で50音順）
　安衛法　労働安全衛生法
　安衛則　労働安全衛生規則
　育介法　育児休業，介護休業等育児又は家族介護を行う労働者の福祉に関する法律
　均等法　雇用の分野における男女の均等な機会及び待遇の確保等に関する法律
　高年法　高齢者等の雇用の安定等に関する法律
　最賃法　最低賃金法
　障害者雇用促進法　障害者の雇用の促進等に関する法律
　派遣法　労働者派遣事業の適正な運営の確保及び派遣労働者の保護等に関する法律
　パート法　短時間労働者の雇用管理の改善等に関する法律
　パート・有期法　短時間労働者及び有期雇用労働者の雇用管理の改善等に関する法律
　労基則　労働基準法施行規則
　労災保険法　労働者災害補償保険法
　労働施策総合推進法　労働施策の総合的な推進並びに労働者の雇用の安定及び職業生活の充実等に関する法律
　割増賃金令　労働基準法第三十七条第一項の時間外及び休日の割増賃金に係る率の最低限度を定める政令

(2) 判例の表記

【例】

高知放送事件（①）・最二小判（②）昭和 52・1・31（③）労判 268 号 17 頁（④）

①事件名：労働法の分野では，通常，裁判の当事者となっている会社等の名前を事件名として整理します。

②裁判所名など：「最二小判」は最高裁第二小法廷の判決という意味です。仙台地方裁判所の決定であれば「仙台地決」と表記します。

③日付：判決（もしくは決定）の出された日付です。

④掲載誌：「労働判例」という雑誌に掲載されていることを意味します。「最高裁判所民事判例集」の場合は「民集」，「労働経済判例速報」の場合は「労経速」と表記します。

　なお，学習しやすいように，判例集『労働判例百選（第9版）』（村中孝史・荒木尚志編，有斐閣，2016）掲載の判例については，事件番号を（百選〇〇）のように付記しました。

(3) 参考文献

　本書で基礎を身に付けた後，より詳しい内容を知りたい方のために，以下の教科書を紹介します（各教科書と本書の改訂時期は必ずしも一致しないので，著者に続いて書名と出版社を紹介し，参考として本書第2版刊行時の版を示してあります）。

　水町勇一郎『労働法』有斐閣　第7版（2018）

　水町勇一郎『詳解 労働法』東京大学出版会　初版（2019）

　菅野和夫『労働法』弘文堂　第12版（2019）

　荒木尚志『労働法』有斐閣　第3版（2016）

　土田道夫『労働法概説』弘文堂　第4版（2019）

　野川　忍『労働法』日本評論社　初版（2018）

　山川隆一編『プラクティス労働法』信山社　第2版（2017）

　また，事例問題に取り組んでみたい方には，以下の演習書を紹介します。

　水町勇一郎・緒方桂子編著『事例演習労働法』有斐閣　第3版補訂版（2019）

　土田道夫ほか編著『ウォッチング労働法』有斐閣　第4版（2019）

(4) その他

　本文中，設例について解説している部分は網かけにしてあります。

第1章　序論──「労働法」とは何か？

〈本章のポイント〉　第1章では，まず「労働法」とは何か，なぜ
存在するのか（存在理由）を確認します。その上で，労働法の全
体像をイメージしながら，日本の労働法の特徴について最初に学
んでおきましょう。後半では，労働法を学ぶ上で必要な，法律に
関する基礎知識を紹介することにします（法の適用，判例法理，権
利濫用……といったキーワードを確認していきましょう）。

1.1　労働法の基本的な枠組み

1.1.1　「労働法」とは何か？

「労働法」とはいったい何でしょうか？「労働」の「法」と書く
わけですから，労働，つまり，「働くこと」についての「ルール」
を定めたものです。公務員として働く場合には国家（地方）公務員
法などまた別のルールがありますので，基本的には民間（民間の会
社とそこで働く社員）に適用されるルールです（→ 3.1.6）。なお，
「民法」「会社法」などとは異なり，実は「労働法」という名前の
法律はありません。有名な「労働基準法」など，労働に関する多く
の法律が集まって，労働法という1つの分野ができていると考えて
ください。

1.1.2 　労働法の存在理由

　では，労働法は何のために存在しているのでしょうか？　労働法の存在理由（役割）については，もちろん様々な考え方や説明の仕方がありえます。本書では，大きく3点，①社員（労働者）の保護，②会社（使用者）の保護，③公正な競争の実現にあると考えることにします。なお，以下，社員は働く側なので「労働者」，会社は社員を使う側なので「使用者」と呼びます（労働者・使用者の用語については第3章で詳しく学びます）。

　第1に，働く人々，すなわち，労働者を守ることが労働法の重要な役割です。これは誰もがすでに知っていることかもしれません。

　ここで，前提として，使用者がなぜ労働者に仕事を命令できるかというと，別に使用者の方が偉いからではありません。そういう「約束」を結んでいるからなのです。つまり，労働者が労働すること，使用者がその代わりに給料を支払うことをお互いに約束しているからこそ，使用者は労働者を働かせることができます。このような約束のことを，法律の世界では「労働契約」と呼びます（なお，「雇用契約」という言葉もよく使われますが，「労働契約」と同じ意味だと考えてください。本書では労働契約に統一します）。

　契約（約束）を結んだ関係である以上，労働者と使用者は形式的には対等な関係です。しかし，実際には，使用者側の方が強いことは否定できません。一個人と大企業を想像するとよくわかるように，経済力や知りうる情報の面で格差がありますし，労働者は生身の人間ですからケガや病気の心配もあります。また，労働は商品（モノ）と異なり，貯めておいて有利なときに売るといったこともできません（日々，働くしかないわけです）。

　したがって，労働者と使用者の関係を当事者間の自由な契約に任

せて放っておくと，どうしても労働者側が不利な立場に置かれてしまいます。そこで，外部から介入し，労働者の保護を実現することが，労働法の重要な役割の1つです。

　第2に，使用者の保護も労働者の役割です。あまり意識されないことではありますが，労働法のルールを守って経営していくことで，働くことに関するトラブルを予防し，減らすことができます。また，労働者が何か要求をしてきたときに，法的に必ず応じなければならないものと，応じるか否か労働者と相談すればよいものを切り分けることもできます。さらに，何かトラブルが起こったとしても，労働法を守っていたということが，使用者側の正当性を基礎付ける1つの理由となりえます。

　つまり，労働法を正確に理解し，守っていくことは，実は使用者にとってもプラスになることなのです（同時に，労働法のルールが守られれば労働者にとってもプラスになります）。確かに短期的には，「働き方改革」（→ 1.1.5）のような法改正に対応するため，様々なコストが生じることもあります。しかし，長期的に見れば，労働法を守ることでトラブル防止など経営にプラスの効果がもたらされることになります。このように，労働法は労働者だけでなく使用者の利益も守っており，労働者と使用者の利益を調整する役割も果たしていると言えます。

　第3に，社会全体のために，会社間の競争を公正なものにするという役割もあります。いわゆる「ブラック企業」のように，労働法のルールを無視して労働者を働かせ続け，使い潰すような企業があると，少なくとも短期的には，その会社が他の会社との競争で優位に立つ可能性があります。そうしたことがないように労働法が目を光らせることによって，社会にとって望ましい，公正な競争の実現が可能になるわけです。

このように，労働法が存在する理由は，①労働者，②使用者，そして③社会全体のためになることにあります。労働者の保護が労働法の重要な役割であることは当然なのですが，労働者のためだけではない，ということも忘れないでいてください。

1.1.3 労働法の全体像

労働法は，1.1.2 で見た役割を果たすために，労働者と使用者の関係に大きく2つのアプローチで介入しています。このアプローチの違いが，労働法を2つの分野に大きく分けています。

まず，雇用関係法という，雇用関係へ直接的に介入する分野があります。なお「雇用関係」とは，主に労働者・使用者の二者の関係を意味します（雇い，雇われるという関係です）。労働法の話の7〜8割を占めており，労働基準法（労基法）や労働契約法（労契法）など，数多くの労働関係の法律が分類されます。

雇用関係法の基本発想は，雇用関係を上から規制するというものです。「働くときの最低基準を国が作り，守らない使用者を罰する」とか，「使用者ができることを制限する」といったイメージです。まさに「介入」という言葉のイメージ通りです。

次に，労使関係法という，労働組合をサポートする形で介入する分野があります。労働組合とは，労働者が使用者と交渉するために集まった（つまり団結した）団体のことです（詳しくは第3章で学びます）。労働者一人ひとりは弱いため，交渉する力（交渉力）を高めるために労働組合を作るわけですね。なお，「労使関係」とは，主に労働者・労働組合・使用者の三者の関係を意味します。労使関係法は労働法の話の2〜3割を占めており，労働組合法（労組法）などが分類されます。

　労使関係法の基本発想は，労働者と労働組合を 横 から支援するというものです。「労働組合が使用者と交渉できる環境を保障する」とか，「労働組合の活動を保護する」といったイメージです。法律なので上からという面がないわけではありませんが，労働者と労働組合を横から後押しするという性格が強い，とイメージしてください。

　以上の話をまとめると，次の図1のようになります。

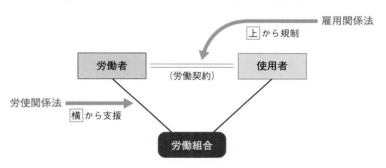

図1　労働法の全体像

　このほか，労働法の中には，失業など，いわゆる労働市場に関する問題に対し様々な介入を行う労働市場法（雇用政策法）という分野もあります。職業安定法，雇用保険法などが分類されます。また，労働に関する紛争を解決するための労働紛争解決法という分野もあります（労働審判法などが分類されます）。本書では，労働法の基本として雇用関係法，労使関係法を主に取り上げ，労働市場法は関係する箇所で必要に応じて紹介し，労働紛争解決法は第Ⅳ編としてむすびも兼ねて触れることにします。

　なお，労働法のベース（土台）には憲法があります。憲法には，労働条件に関する基準を法律で定めることとした憲法27条，労働者が労働組合を作り，使用者と交渉したり様々な活動を行ったりす

ること（労働基本権→ 15.1.1）を保障した**憲法 28 条**があります。「労働」に関して憲法の定めをより具体化するものが労働法である，と考えてください。

また，労働契約も契約である以上，契約などに関する最も一般的なルールである「民法」も適用されます（例えば不法行為〔民法 709条→ 1.2.4〕の話は本書でも何度も出てきます）。これに対し，労働関係のために特別に作られた法律が，労基法や労契法など，労働法を構成する多くの法律です（民法を「一般法」，労基法などを「特別法」と呼びます）。ここでのポイントは，「**特別法は一般法に優先する**」ということです。例えば，適用されそうな条文が民法と労基法の両方にあったとしても，労働関係においては労基法の条文の方が適用されるということです。この一般法・特別法の関係もおさえておきましょう。

1.1.4　労働法の特徴と日本的雇用システム

第2章から労働法の具体的なルールを学んでいきますが，ルールをよりしっかりと理解するため，これまで労働法がどのような社会（実態）を念頭に置いて作られてきたのか，歴史的なことをごく簡単に整理しておきましょう。

日本の労働法は，第二次世界大戦後，昭和 30 年代以降の高度経済成長期にかけて形作られた日本的雇用システムと一緒に発展してきました。日本的雇用システムとは，長期雇用慣行（いわゆる終身雇用），年功的処遇（年功序列），企業別労働組合，この3つを特徴としています。いったん雇われたらその会社で長く働き（場合によっては定年まで過ごし），長く働けば働くほど出世して給料が上がっていき，社内の課題は会社と会社ごとに作られた労働組合が話し合

って解決する，というイメージです。一言で言えば長期的な信頼関係を重視するシステムです。最初は大企業で始まり，後に日本の多くの企業に定着し，「システム」と呼ばれるようになった雇用のあり方です。

　労働法も，こうした日本的雇用システムを念頭に置く形で発展してきました。そのため，労働法も長期的な信頼を重視する傾向があります。具体的には，何かあったときに労働者をクビにして（法的には「解雇」と言います），会社の外部（「ソト」）へ放り出すことは，比較的厳しく規制しています（実際，「日本は解雇規制が厳しい」とよく言われます）。他方，解雇せずに会社の内部（「ウチ」）にとどめて，人事異動などで調整することは，比較的柔軟に認めています。簡単に言えば，日本の労働法には「ウチ」と「ソト」を使い分けるという特徴があるわけです。柔軟に調整することを「柔軟性」と表現すれば，「ソト」に放り出す「外的柔軟性」は制限し，「ウチ」で調整する「内的柔軟性」は広く認めるということですね。

　もちろん，日本的雇用システムについては，様々な変化が生じていると言われています（「昭和」的な雇用だと感じる面もあるかもしれません）。前提としてきた社会システムが変化しているため，労働法も変化していく必要があります（立法や法改正が頻繁に行われていることも，当然のことと言えるでしょう）。しかし，「ウチ」と「ソト」の使い分けが完全になくなったわけではありません。そこで，こうした使い分けの特徴を知ることで，具体的なルールをよりスムーズに理解できると思います。

　労働法がどのように変化していくのが望ましいのか，想像力を働かせるためにも，まずは基本的なルールをしっかり身に付けていきましょう。

1.1.5 「働き方改革」の概要

　2018（平成30）年に働き方改革関連法（働き方改革を推進するための関係法律の整備に関する法律）が制定され，労働基準法やパート法（短時間労働者の雇用管理の改善等に関する法律）などが改正されました（詳しい経緯は【参考】を参照）。「働き方」に関する課題はもちろんたくさんあるわけですが，この改革では特に①労働時間，②非正規雇用に関する法改正が行われました。「働き方改革」は「労働法改革」でもあるわけですね。

　もう少し具体的に見ると，①については，企業の正社員を中心とした長時間労働の問題を背景に，働き過ぎの防止や労働者の健康の確保のため，労働時間に絶対的な上限を設けることの実現が図られました（→9.2.2等）。②については，正社員・非正社員間の格差の問題を背景に，正社員と非正社員の労働条件について，不合理な違いは許さないという現行のルールを明確化し，実効性を高めること（いわゆる同一労働同一賃金）が図られました（→12.4等）。

　これらは，働き過ぎや格差から労働者を保護する，という側面ももちろんありますが，それだけではありません。長時間労働を是正することで，これまで長時間の労働は難しく十分に働けなかった女性や高齢者などの働く機会を増やすとともに，格差を是正することで，非正社員の意欲や能力を引き出します。それらを通して，より多くの賃金を得た労働者が消費にお金を使えるようにすることで，経済の活性化が目指されています。つまり，労働政策であるとともに，経済政策（成長戦略）でもあるということですね。

　働き方改革で改正された各法律の施行は，2019（平成31）年4月から順次始まっていますが，経過措置や中小企業に対する猶予措置があるなど，やや複雑です。本書でも，該当箇所で改正内容をでき

るだけわかりやすく紹介します（最新の情報は，厚生労働省 Web サイト「『働き方改革』の実現に向けて」が参考になります。法律の内容はもちろん，パンフレットなども多数掲載されています）。

【参考　「働き方改革」の年表】────────────

2015（平成 27）年 10 月〜 2016（平成 28）年 6 月
　　　：一億総活躍国民会議

2016 年 9 月〜 2017（平成 29）年 3 月：働き方改革実現会議

2017 年 3 月：「働き方改革実行計画」
　　　労働政策審議会における検討を経て，2018（平成 30）年 4 月に国会へ法案提出

2018 年 6 月 29 日：働き方改革関連法が成立（7 月 6 日公布）
　　　正式名称：「働き方改革を推進するための関係法律の整備に関する法律」（労働基準法，パート法，労働安全衛生法等の改正をパッケージにした法律）

2019（平成 31）年 4 月：施行（ただし，施行日がこれ以降の規定や経過措置などもある点に注意）

1.2　労働法を学ぶ前に――知っておくべき基礎知識

1.2.1　法の適用

　ここからは，「労働法」を学ぶのに必要なものに絞って，「法（法律）」全般に関わる基礎的な知識を紹介します（すでに法律の基礎知識をお持ちの場合は，スキップして先に進んでも大丈夫かもしれません）。
　さて，法律をあてはめて紛争を解決することを，法の「適用」と

呼びます。法を適用する際の基本的な流れについて，整理すること
にしましょう。

　まず，法律の条文は，「要件」と「効果」に分けて読み取るのが
コツです。例えば，解雇規制に関する労働契約法（労契法）16条は
次のように書かれています（内容は第7章で詳しく学ぶので，ここで
は法律の使い方のサンプルと思ってください）。

> ⓐ解雇は，客観的に合理的な理由を欠き，社会通念上相当であると認
> 　められない場合は，
> ⓑその権利を濫用したものとして，無効とする。

　ここで，ⓐの「○○である場合は（○○であれば）」という部分を
要件（必要な条件という言葉を縮めて「要件」です），ⓑの「××とす
る（××である）」という部分を効果と呼びます。解雇について，ⓐ
の要件が認められれば，ⓑのような効果が発生する，というのが基
本的な思考の流れです（なお，無効というのは効果無し，つまり，解
雇はなかったことになる，という意味です）。

　次に，もう少し具体的に法を適用してみましょう。法を適用する
ということは，

> ①　一般的なものとして示された法的ルール（大前提）を，
> ②　個々の事実関係（小前提）にあてはめ，
> ③　結論を導く

以上の流れで行います。この流れのことを，法的三段論法と呼ん
でいます。

　例えば，使用者がまったく何の理由もなく気まぐれに解雇を行う
ことは，当然ながら許されないことです。労契法16条を適用して，
その結論を導いてみましょう。条文の要件及び効果が①大前提を構

成します。

> ① 大前提　**客観的に合理的な理由を欠き，社会通念上相当である**
> **と認められない解雇は無効**
> 　　　↓
> ② 小前提　**今回の解雇にはまったく何の理由もない（合理的な理**
> **由と言えるものは何も存在しない）**
> 　　　↓
> ③ 結　論　**今回の解雇は無効である**

　もちろん，最終的には裁判によって確定するわけですが，以上の
流れに沿って法の適用を考えることで，裁判の結論をある程度予測
することもできるでしょう。

　ところで，法を適用するときは，上記②の小前提，つまり，要件
を満たす事実が存在するかについての判断が必要です。このことを
事実認定と呼んでいます。例えば裁判では，裁判官がその存在を認
めた事実（認定事実）に基づき判断がなされます。そこで，事実を
証明できるか否かが法的にも重要な意味を持ちます（後から証明で
きない事実は，裁判においては「ないも同じ」と言ってもよいかもしれ
ません）。そして証明は，原則として，その事実の存在（そのような
事実が「ある」ということ）を主張する側の責任とされます（裁判官
や誰かが真実を明らかにしてくれる，というわけではないのです）。書
面による記録，IC レコーダーによる録音など，証拠があることが，
事実の証明，そして，紛争の法的解決に重要な意味を持つことも，
ぜひ覚えておいてください。

1.2.2 法律以外の「ルール」

（1）政省令や告示など

　ルールというと「法律」が思い浮かぶかもしれませんが，労働法のルールは様々な形で存在します。もちろん，最も基本になるのが①法律です。しかし，すべてのルールを法律に書き込もうとすると多すぎます。また，具体的な内容は，立法機関である国会ではなく，行政が専門的な見地から検討して決めた方がよい場合もあります。そこで，より具体的なことは，②内閣が出す政令，各省が出す省令にゆだねられる例が多く見られます。例えば労働基準法（労基法）は，多くの具体的な事柄を厚生労働省令である「労働基準法施行規則（略して労基則。なお，労規則ではありません）」にゆだねています。

　また，行政がさらに具体的な「基準」「指針」「ガイドライン」といったものを出す場合，法的には③告示という形式がとられます（例えば，「同一労働同一賃金ガイドライン」が平成30年12月28日厚生労働省告示430号として出されています）。

　このほか，行政の出す④通達は，行政が自らの解釈等を示したもので，厳密には法的拘束力を持っていません（つまり，厳密な意味ではルールとは言えません）。しかし，実務上は行政の解釈が重要な意味を持つことも少なくないので，いわばルールに準じるものとして参照すべきものと言えます（そこで，以下でも（　）を付けて表記しています）。

　以上を並べると，｜①法律，②政省令，③告示，（④通達）｜となりますが，これらは，①が一番強い（左に行くほど強い）わけです。例えば省令が法律に反することは許されません。また，法律が「この点については省令で定める」ことにしていないのに，勝手に省令を作ることもできません。他方，右に行くほど具体的です。政省令や

告示については，法律が原則や枠組みを設定し，法律に任せられた範囲でこれらがより具体的なことを定めている，という位置付けをまずおさえましょう。その上で，関係する法律の規定を確認しながら見ていくのがよいと思います。

(2) 判例（判例法理）

　「判例」とは，一言で言えば，裁判所の判決や決定で，先例として重要なもののことです。会社などで，「今回の事案も，前回と同じように処理しよう」といったことがあるように，判例も先例として，「ルール」のように機能することがあるわけです（なお，「ルール」を漢字で表すと「法理」なので，判例のルールを「判例法理」と呼ぶことがあります。また，最高裁の判断を判例，高裁や地裁の判断を裁判例と呼び分けることもあります）。

　もう少し具体的に言うと，判例には大きく2つの意味があります。①1つは，裁判所が示した法律の解釈が，以後，ルールのように機能するという意味です。もちろん，裁判所は国会と違いますから，自分で法律を作ることはできません。しかし，例えば抽象的にしか書かれていない条文について，「具体的な判断要素は○と△である」などと裁判所が条文の解釈を示すと，以後，その条文を適用する際はそれらの判断要素を使うことになります。判例が示した具体的な判断要素や枠組みが，まさに「ルール」として意味を持つわけです（重要度が高く，まさに判例法理と呼ぶにふさわしいと言えますね）。②もう1つは，既存のルールを具体的な事案にあてはめて判断を行い，判断の例を増やしたという意味です。そうしたあてはめの例のことを「事例判決」「事例判断」などと呼びます。判断の例が増えれば，それだけ，参考にできる資料が増えますので（自分が検討しようとするケースと似たものを探しやすくなります），①はもちろんで

すが②についてもチェックする必要があります。

　実際，判例を知らないと，条文だけでは具体的なケースについて
検討できないという場面も少なくありません。特に労働法の分野で
は，具体的なルールが法律の規定で直接的に定められていない場合
も多く，判例が重要な役割を果たす場面が多いと言われます（日々
の「労働」には本当に様々な場面，様々な問題があるので，一から十ま
で法律で定めておくのは難しいということですね）。重要な判例は確実
にチェックするようにしましょう。

1.2.3　**権利濫用の禁止**

(1) 権利と義務

　「権利」に「義務」，どちらもよく聞く言葉ですが，基本をあらた
めて確認します。「権利」とは，最終的には裁判所など国家の力を
借りて，その内容を実現することができるものです。例えば，労働
者が給料（賃金）を支払ってもらう権利を持っていて，使用者が支
払ってくれないとき，最終的には国家の力を借りて，給料を使用者
に支払わせることができるわけです。「権利」の反対が「義務」で，
この例では，使用者は賃金支払いの「義務」を負っているわけです。

　また，ある特定の相手方に対する権利を「債権」（人に責任を負わ
せるから「債」です），その反対の義務を「債務」と呼びます。例え
ば賃金を請求できる権利は，世の中の誰に対しても主張できるわけ
ではなく，自分の使用者にだけ主張できるわけですから，債権（賃
金債権）というわけですね（これに対し，土地の所有権など，誰に対
してもその権利を主張できる性質の権利を「物権」と呼びます）。

(2) 権利濫用法理

　権利については、「権利は濫用してはならない」というルール（権利濫用法理）をおさえておくことが何より大切です（**民法1条3項，労契法3条5項等**。なお，法理＝ルールでしたね）。考え方について，順を追って説明します。

　①まず，労働契約の内容に基づいて，使用者が労働者に○○を命じる権利を認めます。○○の例としては，例えば転勤（勤務地の移動→詳細は 5.3.1）が考えられます。「権利」がある以上，○○（転勤）について，会社は自由に命じてよいことになります。言葉のイメージ（語感）の通りですが，「権利」があるということは，その権利を自由に使って構わないということですよね。

　②しかし，ここで重要な考え方が出てきます。権利があったとしても，権利を濫りに用いること，すなわち，「濫用」は許さない，というのが法の基本的な考え方です。濫用の例として，権利を行使する上で，目的が不当であったり，労働者に過大な不利益があったりした場合が挙げられます。こうした場合には，今回の○○（例えば転勤）は権利の濫用で無効（法的に効果無し）と扱われることになるわけです。つまり，「使用者には○○を命じる権利がある」と定められていたとしても，命令が権利濫用であると労働者が主張して争えば，命令が違法無効とされる（ひっくり返される）ことがあるわけですね。使用者側は，こうしたルールが存在することに注意が必要ですし，労働者側も，使用者の命令は必ずしも絶対的なものではない（権利濫用で無効な場合もある）ということを知っておくべきと言えるでしょう。

　権利濫用法理は，内定取消し，転勤，出向，降格，懲戒，解雇など，「入社から退職まで」の様々な場面で用いられます。これらの場面は，いちいち数字で規制することが難しいため，まずは契約に沿

って使用者に権利を認めておき，権利がきちんと使われる限りはそれでいいけれども，濫りに使われる場合には制限をかける，といった規制手法がとられているわけです。他方で，労働時間，賃金，休暇などの「労働条件」については，最長○時間，といった形で，数字による規制になじみやすいため，労基法などが具体的に数字で規制していることが多いです。なお，もう一度「入社から退職まで」の方を見てみると，いかにも労働法で問題になりそうな，重要な場面が並んでいることに気付きます。権利濫用法理に関する知識は，労働法を理解する上でまさに必要不可欠と考えてください。

　そこで，もう少し詳しく，権利濫用法理の特徴を2点紹介します。

　1点目は，権利濫用と言えるか否かについては，ケース・バイ・ケースという面が強いということです。例えば，さきほど例で挙げた「転勤」について権利濫用かどうか判断するためには，労働者の仕事との関係はもちろん，家庭の状況（特に育児や介護の状況）なども考慮する必要があります。まさにケース・バイ・ケースの問題です。

　こうしたこともあって，権利濫用が問題になるときは，具体的な判断要素が必ず条文や判例で示されています。例えば転勤と解雇では，場面が違い過ぎるので，判断要素は同じではありません。「権利濫用」と聞いたら「判断要素は何かな？」と考えるようにするとよいでしょう。

　2点目は，仮に権利濫用に当たる行為を使用者が行ったとしても，相手方（つまり労働者）が「濫用」と主張しなければ，紛争には発展しないという点です。また，行政が濫用か否かを事前にチェックしに来るとか，「濫用はしていません」という届出が必要になるということはありません。言い換えれば，争うか否かの選択権は労働者にあります。もちろん実際には，労働者が争うことをあきらめ，

権利濫用が放置されたままになることもあるわけですが，ここでは争おうと思えば争える環境があるということが重要です。

　なお，労働者側が権利を濫用するということも理論的にはありえますが，実際に認められた例はほとんど見られません。やはり，より強い側である使用者の権利濫用の問題が重要ということですね。

1.2.4　知っておくべきその他の概念

（1）一般条項

　1.2.3 で紹介した権利濫用法理のように，法律の条文上，一般的，抽象的にのみ定められているルールを「一般条項」と呼ぶことがあります。世の中の紛争（トラブル）には実に様々なものがありますし，日々，新しいものも出てきます。そのため，あらゆる紛争に，事前に一対一で対応するようなルールを用意しておくことは不可能です。そこで，一般条項を置いて，すでに存在する法律の規定では調整しきれない場合に，調整手段として用いるわけです。大きく以下の3つがあります。

　①権利濫用法理（労契法3条5項等）：すでに学んだ重要なルールで，一般条項の代表例です。

　②信義則：信義則とは，「信義」（お互いの信頼と誠実な行動）ということに基づき，当事者に権利や義務を設定すべきだけれども，直接の根拠となる法律の条文や契約の定めがない場合に，理由付けとして用いられます（民法1条2項，労契法3条4項）。例えば，「この場合，社内のルールに定めがなくとも，信義則上，使用者には○○の義務がある」などと用いられます。

　③公序（公序良俗）：契約の条項などが社会的に見て妥当ではなく，違法無効と扱うべきであるにもかかわらず，直接適用できる法律の

条文がない場合に，理由付けとして用いられます（民法90条。同条の「公の秩序又は善良の風俗」を縮めて公序〔または公序良俗〕です）。例えば，「この契約条項は，規制する直接的な法律はないが，公序に反し違法無効である」などと用いられます。

　なお，以上については，勝手に「これは公序違反」「これは信義に反する」「これは権利濫用」などと決めつけずに，具体的な判断については判例を参考にするとよいでしょう。

(2) 不法行為・債務不履行（損害賠償）

　労働法が関係する紛争においては，労働者に損害が生じ，その損害の賠償を使用者に求めるというケースが少なくありません。法的に，相手方に生じた損害を賠償する義務（要は，相手方に金銭を支払う義務）が生じるのは，大きく次の2つの場合です。

　①不法行為（民法709条）：これは，わざと（「故意」）または落ち度（「過失」）で相手に損害を与えた場合です。例えば，使用者が，法律に反して労働者を差別した場合，その差別的取扱いが不法行為に当たり，「A社はBに対し不法行為を理由として損害賠償義務を負う」などと表現されることになります。

　②債務不履行（民法415条）：これは，契約等に基づく義務を果たさなかった場合，すなわち債務を履行しなかった場合です。例えば，使用者が労働契約の定めに反する行為を行った場合，債務不履行を理由として労働者に損害賠償責任を負います。要は義務違反の責任ということです。

1.2.5　権利の実現

　労働法によって，労働者，使用者にはそれぞれ権利や義務が設定されることになります。本書でも，「……の場合，使用者は○○をしてはならない」とか，「……の場合，使用者が行った△△は無効とする」といった話が繰り返し出てきます。では，それにもかかわらず，使用者が○○や△△を行った場合，どうすればよいのでしょうか。労働者としては，自分の権利が害されているということになります。

　ここで，権利とは，実現するために何らかのアクションが求められることがある，ということを覚えておきましょう。例えば，行政の窓口や弁護士など専門家に相談しながら，使用者に自分の意見を述べて，○○や△△をやめるように交渉することが必要になるかもしれません。そして，使用者側がどうしても言うことを聞いてくれなければ，裁判を起こして自分の権利を守らなければならないこともあるかもしれません。

　このように，労働法によって守られている（権利が認められている）といっても，それは「自動的に守られる」（何もしなくても，誰かが助けに来てくれる）ということではありません。自分で一歩を踏み出さなければならないこともあります。

　だからこそ，ルールを知ることに意味があります。何も知らなければ，そもそも自分の権利が害されていることにすら気付けないかもしれません。実際にどこまでアクションを起こすかについては，様々な角度から検討することも必要です。しかし，その前提として，まずルールや権利について，基本をしっかりと知ることが重要です。本書によって，労働法の基本を短時間でしっかりと身につけていただければと思います。

第2章　雇用の基本ルール

〈本章のポイント〉　本章では，労働者と使用者の関係（雇用関係）を規律するルールについて見ていきます。労働法の全体に関わるので，第Ⅰ編の労働法総論の中でも特に重要です。まず，労働基準法，労働契約法についてポイントをつかみましょう。そのあと，就業規則や労働協約といった労働法独自のルールについて学びます。最後に，労働契約に基づく様々な権利や義務についても見ておきましょう。

2.1　雇用に関するルールの全体像

　労働者と使用者の関係（雇用関係）がどのようなものになるかは，その労働者と使用者が結んだ「労働契約」がどのような内容であるかによって変わってきます。労働契約は，労働者と使用者の合意によって成立します（両者の意思が合致することを「合意」と言います。ひらたく言えば「約束」のことですね）。内容に誤解が生じたりすることを防ぐために，できるだけ書面で内容を確認することが望ましいとされていますが（労契法4条），書面（契約書など）がなくとも，口頭の約束でも成立します。

　ただ，労働契約を結ぶに当たって，契約の内容を一から，しかも隅から隅まで取り決めるのは大変です。そこで，使用者が作成した「就業規則」という規則に基づき，労働契約の内容が決まることが多いです（→ 2.4.3）。なお，労働組合があって，使用者と「労働協約」という合意文書を取り交わしている場合，組合員である労働者

の労働契約は，その労働協約によって決定されます（→ 2.3）。

　また，第1章でも学んだように，労働契約は「何でもあり」ではなく，労働基準法などの法律に反することは許されません（→ 2.2.3）。ここで，労働基準法のように，それに反するような契約（合意）を許さないという性質の法律を「強行法規」（個別の条文のことを「強行規定」）と呼んでいます。「強いルール」というイメージです。他方で，民法などの民事の法律には，一応定めてあるけれども，当事者が法律と違う内容を任意に定めてもよい，という条文もたくさん含まれています（これらは「任意法規」「任意規定」と呼ばれます）。要するに「破っても構わない」ということですから，任意法規（任意規定）の存在理由は何かな……と思うかもしれませんが，契約のひな形としての意味があります。契約を結ぶときに一から十まで決めるのは大変なので，任意に決めたらその内容で，決めなかった部分は任意法規を参照する，ということですね。

　以上をまとめると，雇用関係を規律する（コントロールする）ルールは全部で4つあることがわかります。そのチカラの強弱の順に並べ直すと，以下の図の通りです。

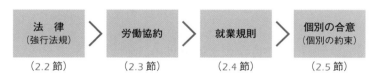

法　律 （強行法規）	＞	**労働協約**	＞	**就業規則**	＞	**個別の合意** （個別の約束）
（2.2 節）		（2.3 節）		（2.4 節）		（2.5 節）

　これらは左に行くほど強い（優先される）という関係にあります。①法律（厳密には法律の中でも強行法規）が最も強く，以下，②労働協約，③就業規則，④個別の合意の順です。なお，当事者が個別に合意したことは，あとあと当事者を拘束しますので，ルールの1種と位置付けられるわけです。

　先に述べたように，労働契約の内容は③就業規則で決まる例が多

いです。ただ，強さとしては3番目ですから，①②に反する場合は修正を受けます（また，③より労働者に有利な範囲では，④で③をはみ出すことが可能です→2.4.3）。以下，それぞれを詳しく見ていきましょう。

2.2　強行法規（労働基準法，労働契約法）

2.2.1　最低基準性（労基法の特徴その1）

　法律（強行法規）には，労基法，労契法，最低賃金法，均等法（雇用の分野における男女の均等な機会及び待遇の確保等に関する法律）など，多くのものが挙げられます。ここではまず，まさに労働法を代表する労基法の特徴について理解しましょう。

　労基法の特徴は大きく2つあります。1つめは，当然といえば当然ですが，労基法の基準は「最低基準」ということです。よって，労基法の基準を上回る労働条件を設定することは「大歓迎」，というのが労基法のスタンスです（労基法1条2項）。

2.2.2　労使協定による例外の設定
　　　　　（労基法の特徴その2）

【設例2-1】　労基法32条では，1日の労働時間は8時間までと定められている。A社では朝9時から昼休み1時間をはさんで夕方6時までの8時間，働くことになっている。A社では，夕方6時以降に「残業」をさせたら常に違法ということになるのだろうか？

（1）労使協定

　労基法の特徴の2つめは，例外の設定が可能な場合がある，ということです。もちろん，どの会社にも一律に規制が及ぶことが大前提です（「法律は法律，うちの会社はうちの会社」などと勝手に適用を拒否することはできません）。しかし，いくつかの条文に限り（全部の条文ではありません），労基法は例外を設定することを自ら認めているのです。この例外についての考え方をマスターすることが，労基法の特徴を理解する上でとても重要です。

　具体的には，「労使協定」というツールを使います。労働者の代表と使用者が「労使協定」を締結することによって，労基法の規制を免れることができます。

　具体例として，設例2-1の労働時間の話を取り上げます（詳細は第9章で学ぶので，ここでは考え方だけ確認してください）。1日の労働時間の上限は8時間ですから（労基法32条），例えば1日10時間働かせたら労基法違反です。しかし，労使協定で10時間までは働かせてよいと設定しておくと（労基法36条），1日10時間までは働かせても労基法違反でないことになります。つまり，本来は許されない1日8時間から10時間までの労働について，その職場で労基法のルールの「例外」が設定されることになるわけです。

（2）過半数代表

　労使協定とは，労働者の過半数代表と使用者が，労基法の例外を設定する目的で締結する協定のことです。そして過半数代表とは，その職場（厳密には「事業場」→【参考】）の過半数の労働者が入っている労働組合（過半数組合と呼びます）があれば，過半数組合が過半数代表です。過半数組合がない場合（労働組合がない場合，または，過半数に満たない労働組合しかない場合）は，その件について話

し合いや投票などで職場の過半数の支持を得て選ばれた代表者 1 名が過半数代表となります。

　なお，過半数の計算をするとき，母数は，管理職，一般の正社員，非正社員等，その職場で雇用されている全員です。例えば，「うちの会社では残業は正社員だけだから，正社員の過半数でいいのでは？」というのは誤りです。要は，その職場全体の代表を選ぶということですね（派遣社員〔→ 12.5〕は，法的には派遣会社に雇用されていますので，計算には含めません）。また，労働者側の代表を選ぶわけですから，使用者の意向（指名など）に基づく過半数代表の選出は認められないとされています（労基則 6 条の 2）。

【参考　事業場とは】

　労基法の条文には，職場という意味でたびたび「事業場」という言葉が出てきます。労基法や労使協定は，会社全体（全社単位）ではなく，事業場ごとに適用されることになっています。このため，後で見る行政による指導も，事業場ごとに所轄の労働基準監督署が行うのが基本です。入門段階では「事業場＝職場」と理解しておけばよいのですが，「事業場＝労基法等の適用単位」という意味も確認しておきましょう。

　なお，事業場の範囲は基本的に場所で区別されます。例えば東京本店と大阪支店は別々の事業場ですし，場所が同一であれば一個の事業場と考えるのが基本です。

---

(3) 違反に労働者本人の同意がある場合

　誤解されがちなのですが，労使協定がなければ，たとえ労働者本人が労基法に反しても構わないと思っていても（労基法に反することについて同意があっても），先の例で 1 日 8 時間を超えて働かせれ

ば労基法違反となります。

　なぜ本人の同意があってもダメなのでしょうか。これは労使協定の枠組みが採られている理由と関わります。それは，労働者一人ひとりは弱いということです。弱いから，使用者から「労基法では上限があるけど，例外扱いでいいよな？」などと同意を求められると，嫌とは言いにくい。そこで，労基法は労働者個々人の（つまり個別の）同意による例外設定を認めないのです（労使協定も，労働者個々人と使用者の協定ではありませんでしたよね）。過半数代表であれば，個々人よりも使用者にきちんとモノが言えると思われます。そのため，「過半数代表との労使協定によって例外設定を認める」というシステムが採用されています。なお，念のためですが，労基法は強行法規（→ 2.1）であるため，労基法に反する合意（例えば「法律上の上限は8時間だが，自分は10時間まで働く」という合意）は法的に無効になります。

　以上から，設例2-1では，労使協定で定めてあれば1日8時間を超える労働も違法でなくなりますが，労使協定がなければ，本人が同意していても労基法違反です（本人が同意しているので問題となりにくいかもしれませんが，何かのきっかけで発覚したりすれば，違法は違法です）。

【参考　「合意」と「同意」】

　どちらも労働法（法律全般）でよく出てくる用語です。実は，「合意」も「同意」も双方の意思が一致している点ではまったく同じ意味です（必ずしも厳密に使い分けられているわけではありません）。一般に，「合意」は当事者双方に着目した表現（例：AとBの合意），「同意」は一方当事者に着目した表現（例：Aの提案に対するBの同意）と考えればよいでしょう。

2.2.3　労基法の実効性確保

　労基法で最低基準を作ったとしても，守られなければ意味があり
ません。そこで，労基法を守らせる（法律っぽく言えば，労基法の実
効性を確保する）ための仕組みとして，次の 2 つがあります。

【設例 2-2】　労基法 39 条 1 項によれば，新入社員も一定の条件を満
たせば入社後半年からの一年間で 10 日間の有給休暇の権利を取得で
きる。しかし，A 社の社長は，新人なのだから 7 日で十分だと言い出
し，新入社員たちも皆これに同意した。新入社員たちの有給休暇の日
数は何日になるのだろうか？

---

(1) 強行的・直律的効力

　1 つは，「労基法に違反しても意味がないぞ」という枠組みです。
労基法の強行的・直律的効力（労基法 13 条）と呼ばれています。「〇
〇的効力」と聞くと，一体どんなものだろうと思ってしまいますが，
結論はとても常識的です。労基法に達しない（つまり労基法より低
い）労働条件を契約書など個別の合意で定めたとしても，労基法の
水準（労働条件）に修正されるという効力です（労基法 13 条）。

　設例 2-2 で見ると，労基法 39 条が 10 日間の権利を保障している
以上，7 日間という約束は労基法の基準に達していませんので，強
行的に無効となります（強行的効力）。次に，無効ということは，有
給休暇の日数について何も決めなかったのと一緒になりますから
（契約の中に「空白」ができます），そこを労基法の基準が埋めるわ
けです（労働契約を直接規律する効力がある，つまり，直律的効力があ
るということです。なお，「規律」は「コントロール」位の意味です）。
したがって，設例 2-2 の新入社員たちの有給休暇の権利も，入社
後半年からの 1 年間で 10 日間という内容に修正されます。

この強行的・直律的効力という言葉は，労基法の条文の中に直接出てくるわけではありませんが，労基法13条のチカラをよく表していますので，ぜひ覚えてください（他にも強行的・直律的効力を持つルールがありますので，ここで特徴を覚えておくとよいでしょう）。

(2) 刑罰や取り締まり

実効性確保のもう1つの方法は，「違反するとひどいことになるぞ」という枠組みです。まず，行政による監督が挙げられます（労基法97条以下）。行政の監督は，厚生労働大臣を頂点に，厚生労働省労働基準局，労働局，労働基準監督署という一元的，ピラミッド的な体制になっています。実際に企業が労基法違反をしていないかを監督する実務を担当するのが，各地に設置された労働基準監督署（労基署）です。労基署の上部組織として，国が都道府県単位で設置した労働局があります（労働局は都道府県ではなく国の組織です）。

労基署は，定期的に，あるいは，労働者からの申告（自分の会社で労基法違反があるといった通報）を受けて調査を行い，労基法違反があれば，改善の指導など監督を行います。監督を担う労働基準監督官は，使用者に対し帳簿等の提出を求めたり，尋問をしたり，（警察官のように）逮捕したり，といった強い権限が与えられています。ただ実際は，やみくもに逮捕をするわけではなく，使用者への指導（行政指導）を中心に，労基法違反の状態を是正するための取り組みが行われます。

そして，行政監督によっても違反が是正されない場合は，刑事事件として立件され，最終的に刑事罰が科されることもあります（労基法117条以下）。もちろん，立件されるのは一部の悪質な事案に限られているようですが，最終的には刑事罰があるからこそ，労基法の実効性が保たれている面があります（なお，具体的に誰が刑事責任

等を負うかについては，3.2.2〔労基法上の「使用者」〕を参照してくだ
さい）。

　また，民事上のペナルティ（つまり「民事罰」）として，「付加金」
という制度があります（労基法114条）。これは，使用者が支払うべ
き賃金等を払わなかった場合，その不払いと同額の「付加金」を支
払わせる（本来支払うべき額の倍額を支払わせる）という仕組みです。
刑事罰ではない（「前科」が付くようなことはない）ので，民事罰と
いうわけです。ただ，付加金の支払いが使用者に命じられるのは，
悪質なケースに限られているようです。

2.2.4　労契法の成り立ちと特徴

　さて，ここまで労基法の特徴について見てきましたが，労働法の
特に「雇用関係法」分野においては，労基法と並んで労働契約法（労
契法）が重要です。ただ，労基法は1947（昭和22）年，労契法は
2007（平成19）年と，この2つが作られた時期は大きく違っていま
す（年齢で言えば60歳も違います）。

　これは，労働契約に関するルールが長らく存在しなかったという
わけではありません。戦後すぐに制定された，まさに雇用の基本法
である労基法のもとで，労働契約についても多くの判例法理が発展
してきました（その意味で，労働契約に関するルールは存在していまし
た）。しかし，「判例がある」と言ってもわかりにくい面があります。
法律になっていた方が，一般の人もルールの存在を認識しやすいで
すし，また調べることも簡単です（「六法」などの法規集に書いてあ
ります）。そこで，ルールの存在をわかりやすく社会に示すために，
労働契約に関する判例法理のいくつかを法律にまとめる形で，労契
法が制定されたのです。

　労契法の特徴は大きく２つあります。１つめは，違反に対する罰則がない点です（元が判例ですから，「判例に違反して捕まった」という話はあまり聞きませんよね）。労基法が違反に対し取り締まりや罰則を用意しているのと大きく違います。労契法は，行政による取り締まり等を予定しておらず，あくまで労働者と使用者の契約関係に関する民事のルールというわけです。

　もう１つは，重要な判例法理のいくつかをまとめるにとどまったため，労働契約に関するすべての事項が網羅されているわけではない点です。労契法に取り込まれなかった判例法理などを引き続きフォローする必要があります。

2.2.5　労働法における法規制のあり方

（1）指導や取り締まり

　労基法，労契法の特徴を整理してくると，労働法が使用者である会社等を「規制」する手法として，大きく２つの種類があることがわかります。

　１つは，行政に指導や取り締まりの権限を認めるといったやり方です。労基法が代表例です。最低基準などのルールを設定しておき，使用者が守らない（法違反が生じている）場合に，行政（労基署等）からの指導や監督（場合によっては司法における刑事罰）といった手法でルールを守る方向に誘導しようとするものです（この点から，労基法のことを取締法規，刑罰法規と呼ぶことがあります）。なお，労基法以外の法律，例えば均等法や派遣法（労働者派遣事業の適正な運営の確保及び派遣労働者の保護等に関する法律）などについては，労基署ではなく，労基署の上部組織である労働局が指導等の実務を担っています。

(2) 民事上のルールの設定

　規制というと上記のような手法が思い浮かぶかもしれませんが，実はもう1つ，やり方があります。それは，民事上のルールを設定しておくというものです。労契法が代表例です。わかりやすく言えば，「○○をした使用者は裁判で負ける」と定めておくことで，使用者が○○をしないように誘導することができるということです。○○の例として，「理由のない解雇」が挙げられます（労契法16条→詳細は 7.2.4)。「理由もなく社員を解雇すれば，訴えられたときに負ける。それなら，理由のない解雇はやめておこう」というロジックです。

　もう少し踏み込んで説明すると，労契法のような民事上のルールには，まず，裁判でどちらを勝たせるかについてのルール，すなわち「紛争解決規範」としての意味があるわけです（「規範」はルールの意味です）。それに加えて，当事者がどのように行動するかについてのルールとしての意味もあります。上記のように，裁判になる前に，法的責任を負うような行動（裁判になったら負けるような行動）を当事者が避けることが考えられます。つまり，当事者の行為に影響を与え，適法な（＝望ましい）方向へ誘導するという機能があるわけです（「行為規範」と呼ばれます）。裁判をする・しないにかかわらず，日常的に重要な意味を持つということですね。

　ここでは，規制とは前記（1）のような形に限られるわけではなく，（2）のようなアプローチもあるということを確認しておきましょう。労働法は様々な規制手法を駆使して，労働者，使用者，そして社会のためになろうとしているわけですね。

　もう一言付け加えれば，労働法の中では労基法が最も有名ではありますが，労働法は労基法だけではないことも忘れないようにしましょう。この後も，「労基法上は違反ではないけれども，労契法上

は問題がある」といったケースが何度も出てきます（特に第9章の労働時間では，たとえ労基法違反ではなくとも，働かせ過ぎが労契法との関係で問題になることがあります）。

2.3　労働協約

　労働協約とは，労働組合と使用者が組合員の労働条件等について定め，双方の代表（例えば労働組合の委員長と会社の社長）がサインなどをした文書のことです（労組法14条。なお，「労使協定」とは別物です→【参考】）。雇用関係におけるルールの中で，強さは労基法など強行法規に次ぐ2番目です。詳しくは労使関係法（第Ⅲ編）の中で学んだ方が理解しやすいので，さしあたり，次の3つのポイントだけ確認しておきましょう。

　まず，①適用対象者は，労働協約を締結した労働組合の組合員のみです。全員を適用対象とする労基法とは違いますね。次に，②組合員の労働条件を決定するとても強い効力を持っています（労組法16条。労基法の強行的・直律的効力と基本的に同じ効力です）。最後に，③全ての職場に存在するとは限りません。そもそも労働組合がない職場が多いですし，労働組合があっても，労働協約が締結されていない場合もあるからです。つまり，労働協約は，存在しないことも多い反面，存在すればとても強い決定力を持つということです。

【参考　労使協定と労働協約の違い】————————
　基礎をきちんと理解するためには，「労使協定」と「労働協約」のように，似ているけれども実は意味が違う，という用語をしっかり区別できることが重要です。以下の表にまとめましたので，確認

しておきましょう（第Ⅲ編〔第15～16章〕で労使関係法を学んだ後に
戻って見てもよいでしょう）。

表1 労使協定と労働協約の違い

	役　割	締結当事者	適用範囲
労使協定	労基法の例外設定	過半数代表と使用者	その職場（事業場）全体
労働協約	組合員の労働条件の設定等	労働組合と使用者	原則，その労働組合の組合員のみ

2.4 就業規則

2.4.1 就業規則とは

　就業規則とは，「労働条件や職場のルールについて使用者が定める規則の総称」と定義できます。「業」に「就」く，つまり仕事をすることについて使用者が定めた会社のルールです。あくまで「総称」なので，規則の名称が「就業規則」ではなくとも（例えば「従業員規則」でも），定義にあてはまれば法的には就業規則です。また，見やすさ等を考慮して，賃金に関する「賃金規程」など規則の一部が就業規則の本体（「本則」）とは別立てで作られている場合でも，そうした別規定も含め，全体で1つの就業規則ということになります。

　日本の雇用関係では，就業規則がとても重要な役割を果たしています。前述の通り（→2.1），多くの場合，労働契約の内容が就業規

則によって決定されるからです。就業規則は，法的には労働契約上
の権利や義務の根拠となる点で，実務的にはその会社における労働
条件を統一的に設定する点で，とても重要な役割を担っています。

2.4.2　就業規則の作成義務・手続

　就業規則は重要なものであるため，作成や手続に関して様々なこ
とが法で定められています。

（1）作成義務・必要記載事項
　まず，常時 10 人以上の労働者を使用する事業場では，使用者に
就業規則の作成義務があります（労基法 89 条。なお，支店や工場など
の各職場がそれぞれ 1 つの事業場となります→ 2.2.2）。10 人という人
数は，会社全体ではなく事業場単位で数えます（パート，アルバイ
トなどの非正社員も人数に含めます）。
　次に，就業規則に何を書くか（記載事項）については，大きく 2
つに分けられます。労働時間や賃金，解雇の理由といった，絶対に
記載しなければならない絶対的必要記載事項（労基法 89 条 1 ～ 3 号）
と，退職金やボーナスなど，制度として設ける場合には必ず記載し
なければならない相対的必要記載事項（労基法 89 条 3 号の 2 ～）です。
例えば，退職金制度を設ける法的な義務はないのですが，退職金制
度がない場合に「うちの会社に退職金制度はありません」と規則に
書くのもちょっと変な気がします。そこで，こうした事項について
は，制度としてやるんだったら必ず書かなければならないものとし
て，「絶対的」ではなく「相対的」に記載が必要な事項と呼ぶわけ
です。このようにして，労働条件のほとんどが就業規則に記載され
ることになります。

(2) 意見聴取・届出・周知

　就業規則には意見聴取・届出・周知の義務もあります。この3つを「就業規則に関する手続」と呼ぶこともあります。

　まず①意見聴取とは，就業規則の作成や変更の際，その事業場における労働者の過半数代表（→ 2.2.2。過半数組合があればその組合，なければ過半数の労働者が支持した代表者）の意見を聴く義務です（**労基法90条1項**）。ただし，あくまで意見を「聴く」ことが義務で，就業規則について話し合いをすることや過半数代表の同意を得ることは義務ではありません。言い換えれば，労基法上，就業規則は使用者が一方的に制定できるものであり，意見聴取は労働者側の最低限の関与として定められたものです（もちろん就業規則について話し合いや同意があれば望ましいかもしれませんが，労基法上の義務とまではされていないということですね）。

　次に②届出は，作成・変更した就業規則に，①意見聴取で聴いた過半数代表の意見を記した書面を添付して，所轄の労働基準監督署の署長宛てに届出をする義務です（**労基法89条**）。なお，会社に複数の事業場がある場合，事業場ごとに届出をするのが原則ですが，一定の条件を満たせば本社で一括して届出をすることが認められています（平成15・2・15基発〔基発とは労働基準局長名で出された厚生労働省の通達です〕0215001号）。

　最後に③周知は，ⓐ作業場へ掲示または備え付ける，ⓑ印刷した書面を交付する，ⓒパソコン等で見られるようにする，以上ⓐ〜ⓒのいずれかによって，就業規則を労働者が見ようと思えば見られる状態にする義務です（**労基法106条，労基則52条の2**。ⓒについては労基則〔労働基準法施行規則の略称でしたよね〕で具体的に定められています）。社内ネット（イントラネット）にPDFファイルで掲載し，各自の端末から見られるようにする方法などが考えられます（大企

業では特に多そうです)。なお，就業規則だけでなく，労基法の例外
を設定するための労使協定（→ 2.2.2）などにも周知義務の対象と
なっているものがありますので（労基法 106 条），使用者はこれらも
周知する義務があります。

2.4.3　就業規則による労働条件の決定

すでに述べたように（→ 2.1），就業規則は，労働者と使用者の契
約内容，つまり労働条件を決定する力を持っています。具体的には，
労働契約を締結する際（つまり採用の際），以下に掲げた労契法 7 条
によって，就業規則の規定通りに労働契約の内容が決まることにな
っています（なお，就業規則の内容が法律に違反していないことが当然
の前提です〔労契法 13 条〕）。

> 労契法 7 条（本文）　労働者及び使用者が労働契約を締結する場合に
> おいて，使用者が①合理的な労働条件が定められている就業規則を労
> 働者に②周知させていた場合には，労働契約の内容は，その就業規則
> で定める労働条件によるものとする。

下線部①の「合理的な労働条件」とは，理想的という意味ではな
く，おかしくない，位の意味だと考えてください。よほどおかしな
内容であれば話は別ですが，①が否定される例はほとんどありませ
ん。②の「周知」は，就業規則が，労働者が知ろうと思えば知るこ
とができる状態に置かれたことを意味します（なお，実際に知って
いるか否かは問われません）。労基法に基づき周知手続がなされてい
れば②も満たされますね。まとめると，就業規則の内容が，その職
場における基本的な労働条件になるということです。

　ただし，就業規則による労働条件の決定には例外もあります。実は，労契法7条には次のような続きがあるのです。

> 労契法7条（ただし書）　ただし，労働契約において，③労働者及び使用者が就業規則の内容と異なる労働条件を合意していた部分については，④第12条に該当する場合を除き，⑤この限りでない。
> 労契法12条　就業規則で定める基準に達しない労働条件を定める労働契約は，その部分については，無効とする。この場合において，無効となった部分は，就業規則で定める基準による。

　先に労契法12条からいきますが，このルール，どこかで見た記憶はありませんか？　そう，労基法の強行的・直律的効力を定めた労基法13条とそっくりです（→2.2.3）。就業規則より低い労働条件を契約書などで個別に定めたとしても，就業規則の水準に修正されるというのが労契法12条です。例えば，○○手当の金額について，就業規則に5,000円と書いてあれば，個別の契約書に4,500円と書いてあっても，5,000円に修正されるということです。就業規則にも強行的・直律的効力があるわけですね。

　次に労契法7条ただし書です。下線部③は，上の例でいえば，○○手当の金額を個別に5,500円などと定めていた場合のことです。ただし，就業規則より低く定めても労契法12条で否定されますので，注意書きのような形で下線部④がついています。下線部⑤は，就業規則より高く定めた場合は，その定めが優先する（○○手当は5,500円となる）という意味です。就業規則より有利な労働条件であれば，労働者と使用者が個別に定めることができるわけですね。なお，以上の労契法7条の話は，労働条件の決定に関するものであって，労働条件の変更はまた別の話になるので，注意してください（→第11章で扱います）。

2.4.4　就業規則と他のルールとの関係

> 【設例 2-3】　○○手当の金額について，労働協約では 6,000 円，就業規則では 5,000 円と定めてある場合，使用者と労働協約を締結している労働組合の組合員 A，労働組合に加入していない B の○○手当の金額はそれぞれいくらになるだろうか？

　就業規則は強行法規や労働協約よりも「弱い」ので，もし，就業規則の規定がこれらの規定に違反する場合，その違反する部分の規定は，法的に拘束力を持たないとされています（労基法 92 条，労契法 13 条）。

　ここで，労基法など強行法規が最も強いのは当然であるとして，なぜ，労働協約の方が就業規則よりも「強い」のでしょうか？　それは，労働協約が労働組合と使用者の合意を基礎にしているのに対し，就業規則は，必ずしも合意を基礎としておらず，使用者が一方的に制定することが可能なルールだからです（少なくとも労基法上は，意見聴取だけを行えば一方的に作成・変更が可能です→ 2.4.2）。2 つのルールがバッティング（矛盾）した場合は，労働組合という集団と使用者の合意（集団的な合意）を基礎にするルールを優先しようということですね（このように，条文の背景にある考え方を知ることで，よりスムーズに理解することができます）。

　ですから，設例では，組合員 A は○○手当として 6,000 円がもらえます（5,000 円と定めた就業規則の規定は，組合員には適用されないことになります）。他方，その労働組合に入っていない B については，就業規則の通り，○○手当は 5,000 円です（労働組合が使用者との交渉によって 1,000 円の増額を勝ち取ったということですね）。

2.5　個別の合意

　以上見てきたように，労働契約の内容は，労基法などの強行法規
に反しない範囲で，就業規則（もし労働協約があれば労働協約）によ
って決定されることが多いと言えます。しかし，小規模で就業規則
の作成義務がない事業場であれば，個別の合意で（つまり，労働契
約書などを通して）労働契約の内容を定めることになるでしょう。
また，就業規則に規定がない事項について定めたり，就業規則より
も労働者に有利な労働条件を定めたりするとき（→ 2.4.3）などに
も，個別の合意が意味を持ちます。合意自体は口頭ではダメという
ことはありませんが，後で紛争になることを避けるためにも，文書
（契約書など）にしておく方が望ましいと言えそうです（労契法4条
→ 2.1）。

2.6　労働契約上の権利義務

2.6.1　基本的な権利義務

（1）労働義務と賃金支払義務
　以上の様々な「ルール」に基づいて労働契約の内容が決まります
が，労働者・使用者がそれぞれどのような権利義務を有するのか，
まとめておくことにします。
　労働契約に基づき，労働者は使用者に対しまじめに仕事をする義
務，つまり誠実労働義務（職務専念義務）を負います。反対に，使用
者は労働者に対し仕事を命じる（「指揮命令」を行う）権利，すなわ

ち指揮命令権を持つことになります（なお，出張，研修や人事異動など，仕事そのものというより，広く仕事に関連する事項を命じる場合は，業務命令（権）と呼びます）。

そして，使用者は賃金支払義務を負い，労働者は賃金請求権を持っています。

なお，労働者の義務は「働くこと」ですから，まじめに働いたけれども結果が思わしくなかった，ミスをしてしまった，といったことがあっても，直ちに誠実労働義務違反とは言えません。「仕事の結果が思わしくない→労働者は義務を果たさなかった→使用者も賃金支払義務を果たさなくてよい」というわけではありません（使用者が改善のための指導などを行いうるのはまた別の話です）。

ちなみに，労働はあくまで義務であって，何か労働（仕事）をさせてほしいという権利，すなわち就労請求権は，特別な約束（特約）などがなければ認められません。ただ，わざと仕事を与えず，ずっと部屋で座らせておくような嫌がらせ行為は許されず，使用者には別途，不法行為責任（→ 1.2.4）が生じることがあります（「追い出し部屋」として報じられた例もありますね）。

(2) 労働者が働く義務を果たせなくなった場合

労働者が病気やケガといった理由で仕事ができなくなってしまったら，法的にはどうなるのでしょうか。なお，仕事が原因で病気やケガになった場合は，いわゆる「労災」の問題として話はまったく別になりますので（→ 13.2），ここで問題にするのは，仕事が直接の原因ではない病気やケガの話と考えてください。仕事が原因ではないことを示す意味で，「私傷病」と呼ぶことにしましょう。

さて，私傷病のために仕事ができなくなってしまった場合，原則として，使用者側には賃金を支払う責任がなくなります。「労働契

約」という契約（約束）において，「労働をする」という一方の義務が果たされない以上，賃金の支払いというもう一方の義務もなくなると考えるのが，契約の解釈として自然といえます。

しかし，この点には判例のルールがあります。判例は，労働者の仕事内容や職種が特に限定されていないということを前提に，労働者が，使用者から命じられた仕事を完全にはできなかったとしても，他にその労働者が配置される「現実的可能性」がある仕事については行うことができて，かつ，その仕事を「やります」と言っている場合には，労働者は労働契約上の義務を果たしており，使用者には賃金支払いの義務が生じる，という立場をとっています（片山組事件・最一小判平成 10・4・9 労判 736 号 15 頁（百選 24））。

「やれ」と言われた仕事をできないのに義務を果たしたことになる，というと，なんだか変な気がするかもしれません。でも，判例の立場にはちゃんとした理由があります。例えば，私傷病のために，屋外で動く仕事はできなくなったけれど，室内での事務作業ならできる，という労働者が 2 人いたとしましょう。このとき，たまたま事務作業に配置されていた人はそのまま賃金をもらえて，たまたま屋外の仕事に配置されていた人は賃金をもらえなくなる，となると，症状は同じなのに法的な扱いが違いすぎて，なんだかバランスが悪いですよね。こうしたことから，判例は上記のようなルールを作ったものと思われます。

2.6.2 付随的な権利義務

(1) 概　要

労働は，会社などの組織の中で行われることが多く，組織運営（①）に関していろいろと必要なことが出てきます。また，労働契

約を結んでいる以上，お互いに相手のことを考えて，誠実に行動すること（②）も必要です。よって，労働契約に付随して（関連して），様々な権利や義務が存在しています。

　①の典型例は，使用者の人事権です。就業規則などに根拠があることを前提に，労働者の配置や処遇を決定する権利が認められます。②について，使用者及び労働者は，信義則（→ 1.2.4）に基づき，就業規則などの定めの有無にかかわらず，(2) (3) で挙げる義務を当然に（＝絶対に）負うと解されています。

(2) 使用者の配慮義務

　まず，使用者には労働者に対する配慮義務があり，安全に配慮する安全配慮義務，職場の環境に配慮する職場環境配慮義務などがあります。

　安全配慮義務の内容としては，働き過ぎによって労働者が心身の健康を害さないように配慮することがとても重要です。このため，安全配慮義務をより具体化して健康配慮義務と呼ぶことも多くなっています。例えば過労死や過労自殺が起きた場合に，使用者が安全（健康）配慮義務を果たしていなかったとして，債務不履行責任（→ 1.2.4）等を問われることが少なくありません。裁判で高額の賠償が命じられる例もありますし，このような義務が絶対的に存在するのだ，ということをあらためて確認しておくべきでしょう。なお，もともと信義則上の義務ですが，とても重要なことなので，確認の意味で，使用者が安全配慮義務を負うことが労契法5条に明記されています。

　職場環境配慮義務は，セクシャルハラスメントやパワーハラスメントなどのハラスメント（→ 6.2）が生じた場合，被害者が使用者側の責任を追及する法的根拠として用いられることが多くなっていま

す。ハラスメントを防げなかったということは，職場の環境に対する配慮が足りなかったのではないか，ということですね。もちろん，ハラスメントの直接の加害者も不法行為責任を負うのですが，こうした義務を根拠として使用者にも法的責任が生じるということが重要です（使用者は「ハラスメントは当事者同士の問題」と言って逃げることは許されません〔→ 6.2.3〕）。

(3) 労働者の誠実義務

　次に，労働者には使用者に対する誠実義務があり，企業の秘密を守る秘密保持義務，勤め先と同じ事業を自分でやったり同業他社でアルバイトをしたりしない競業避止義務があります。就業規則や個別の契約書の中で明記される例も見られますが，そうした定めがなくとも，信義則を根拠に義務が生じることは使用者の配慮義務と同じです。

　ただ，あくまで労働契約あっての誠実義務なので，契約終了後，つまり退職後は，当然にこれらの義務を負うことにはなりません。よって，退職後にも競業避止義務を負わせたい場合は，「競業避止特約」が別途必要になると考えられます（なお，退職後の秘密保持義務については細かい議論もあるのですが，基本的に特約が必要と考えるべきでしょう。また，秘密保持に関しては「不正競争防止法」も関係してきます。詳しくは知的財産法の教科書等を参照してみてください）。

　なお，競業避止特約が，例えば「全国どこの地域でも，一生，同業の仕事には就きません」といった，あまりに厳しい内容である場合，公序良俗違反（→ 1.2.4）で無効とされることがあります。競業制限の期間や場所，対象の職種，代償措置（手当）などを考慮し，労働者の自由を過度に侵害する（要は行きすぎ）か否かで判断されることになります。

【参考　労働契約の解釈の方法】——————————————

　労働契約を解釈する際には，就業規則の定めなどを参照しつつ，当事者間の合意の有無・内容についてまず検討します。合意内容が明らかにならない場合は，以前からの慣習（慣行）に着目し，慣習と同じ契約内容ではないか，という視点で契約を解釈します（民法92条も参照）。慣習もなければ，今度は任意法規（→ 2.1）を参考にします（任意法規と同じ契約内容ではないか，という視点で解釈します）。任意法規もなければ，信義則（→ 1.2.4）を頼りに，「『信義』からすると，契約はこのような内容であるはずだ」と解釈します。以上が契約を解釈するときの手順（枠組み）ですが，多くの場合は，合意内容を調べることで契約の内容を確定することができるでしょう。

第3章 労働法上の当事者

〈本章のポイント〉 この章では，労働基準法や労働組合法が「労働者」として保護するのはどのような人たちかを学びます。もちろん「労働者」＝「働く人」ですが，法的にはもう少し厳密に見ていく必要があります。なぜ厳密に見る必要があるのか，そして，労働者として保護されるかどうかの判断要素について，理解を深めましょう。

3.1 「労働者」

3.1.1 なぜ「労働者」の定義が問題になるのか

「働く」といっても，いろいろな形態があります。例えば，会社が業務を委託したフリーランスのデザイナーは，「労働者」として保護されるでしょうか？ これまで，会社を使用者，社員を労働者として進めてきました。イメージをつかむにはそれでいいのですが，実は，労働者も使用者もそれぞれに法的な定義が存在します。まず，労基法上の定義を見てください。

> 労基法９条 この法律で「労働者」とは，職業の種類を問わず，事業又は事務所（以下「事業」という。）に使用される者で，賃金を支払われる者をいう。

　この定義にあてはまらなければ，たとえ何か「仕事」をしている人であっても，少なくとも労基法上は労働者ではありません。よっ

て，労基法が「労働者」のために用意している保護を受けられない
ことになります。ですから，その法律が定義する「労働者」に該当
するかどうかが問題になるわけです（なお，労働者に該当することを
「労働者性がある」と言うことがあります）。

　次に，労組法における「労働者」の定義は次の通りですが，なん
と，労基法における定義とは若干異なっています。

> **労組法３条**　この法律で「労働者」とは，職業の種類を問わず，賃金，
> 給料その他これに準ずる収入によつて（よって）生活する者をいう。

　誰が労働者か，定義を変えないでほしいと言いたくなるかもしれ
ませんが，これはやむを得ないことなのです。様々な法律は，作ら
れた目的が少しずつ違っています。そのため，たとえ同じ文字
（労・働・者）を使っていても，語句の意味（概念）が多少異なる
場合があるのです。このことを「概念の相対性」と呼ぶことがあり
ます。法律の世界では，分野や法律によって，あるいは，同じ法律
の中でも条文によって，概念（言葉の意味・内容）が異なっている
ことがあります。例えば「詐欺」という概念について，民法で「詐
欺に基づく取引をなかったことにする」話と，刑法で「詐欺の犯人
に刑罰を科す」話では，「だます」というメインの部分は同じにし
ても，細かい部分がいろいろと異なっています。１つの「絶対的」
なものではなく，場面によって異なりうるので，概念は「相対的」
なもの，つまり相対性があるというわけですね。したがって，労組
法上は労働者であるけれども，労基法上は労働者ではない，という
こともありうるのです。

3.1.2　労基法上の「労働者」

　労働者とはどのような人を指すのか，まず，労基法上の労働者とはどのような人たちかを見ていきます。前述の通り労基法9条に定義がありますが，ここで重要なのは，「①使用される者で，②賃金を支払われる者」という部分です。①を「使用」性，②を「賃金」性と呼ぶことにします。使用性とは使用者の指示（指揮命令）を受けて働いていることであり，賃金性とは労働した代わりに（つまり対償として）報酬を得ているということです。

　ただ，条文だけでは判断要素が十分とは言えません。そこで，判例が具体的な判断要素を示しています。代表例として横浜南労基署長（旭紙業）事件・最一小判平成8・11・28労判714号14頁（百選1）があります（自分でトラックを所有し，会社から運送の仕事を受けていたトラック運転手が，労基法上の労働者に当たらないと判断された事例です）。この事件をはじめとするいくつかの判例を整理すると，判断要素を表1のようにまとめることができます。ある人が労基法上の労働者に当たるか否かが争いになった場合，これらの判断要素を総合考慮して（総合的に判断して）決定するというのが判例の判断枠組みです。フリーランスの人の働き方をイメージして，会社で働く人と対比させながら表1を眺めてみてください。

　①の使用性について，ⓐ〜ⓒは比較的わかりやすいと思います。ⓐ上司などから指示を受け，ⓑ「やれ」と言われたら拒否できず（承諾するか否かに関する諾否の自由がなく），ⓒ会社で休憩を挟みつつ朝から夜まで働く，まさに「使用」されて働いていますよね。ただしⓓには要注意です。例えばフリーランスで働いている人は，受注した仕事を，アシスタントを雇って自分の代わりにやらせるということもありそうです。これに対し，労働者として会社に勤めてい

表1 労基法上の労働者性に関する判断要素

①	使用性が高まる要素
ⓐ	業務遂行に関する具体的な指揮監督がある
ⓑ	仕事の依頼等への諾否の自由がない
ⓒ	勤務時間・勤務場所の拘束がある
ⓓ	他人による代替可能性が低い （自分で人を雇って代替させる可能性が低い）
②	賃金性が高まる要素
ⓔ	報酬額が（仕事の結果ではなく）働いた時間の長さに応じて決まる
③	その他，労働者性が高まる補助的な要素
ⓕ	事業者性が低い （機械や器具を自分では持っていない，報酬が高額ではない）
ⓖ	専属性の程度が高い （他社の仕事を受けることが，事実上，制約されている）
ⓗ	公租（税金），公課（社会保険料）が報酬から天引きされている

れば，自腹で勝手にアシスタントを雇うということは考えにくいですよね。ですから，代替可能性が低いほど，使用性は高まります（「代替可能性が低い」ということを，「誰にもまねできない，芸術家のような仕事をしていること」と勘違いしないようにしてください）。

　②の賃金性については，賃金には月給制や時給制など様々な決め方がありうるので（→詳細は第8章），使用性ほど明確な指標にはならない面があります。ただ，そうは言っても，働く時間が長くなるほど金額も増えるような状況があれば，まさに働く「代償」として（つまり「賃金」として）お金を受け取っている，と言いやすいわけです。

　また，①・②（ⓐ〜ⓔ）までの要素では結論が出しにくい場合，

③補助的な判断要素として，ⓕ〜ⓗがあります。詳細は表1に譲りますが，これらにあてはまれば，労働者性を肯定する材料が増えることになります。

　なお，ある人が労働者として保護されるかどうか，すなわち労働者性が問題になった場合，あくまで実態（客観的な事実）に基づき判断がなされます。例えば，労働契約と区別される契約形態に，委任契約（民法 643 条）や請負契約（民法 632 条）があります（委任は弁護士に事件を依頼するなど仕事の進め方に具体的な指示をしない場合，請負は大工に家の建築を依頼するなど仕事の完成が目的である場合です）。本来，委任や請負では上記の「使用性」はなく，労基法の適用もありません。しかし，会社との契約が委任や請負であるにもかかわらず（実務では業務委託契約と呼ばれることも多いです），指揮命令を受けて働いているケースもあります。その場合は，たとえ契約書上は「個人事業主」などと位置付けられていても，労基法上の労働者と評価されうることになります。労基法は「強行法規」と呼ばれる強いルールなので（→ 2.1），契約書の記載などを操作することで労基法の適用を免れることはできないということですね。

3.1.3　労契法上の「労働者」

　例えば，個人事業主として会社と業務委託契約書を交わしている人について，会社が業務委託契約を解約しようとした場合，もし，その人が労契法上の労働者に当たるといえれば，解雇に関する労契法のルール（16 条→ 7.2.4）が適用されます。解約は法的に「解雇」に当たるとして，厳しく規制されることになります。ある人が労契法上の労働者に当たるか（労契法上の労働者性を有するか）が問題となるのは，このような場合です。

　さて，労契法上の労働者の定義は「使用者に使用されて労働し，賃金を支払われる者」です（労契法2条1項）。3.1.2で学んだ労基法上の労働者とよく似ていますね。まさにその通りで，具体的な判断要素についても，労基法上の労働者に関する判断要素がそのままあてはまります。ごく細かい例外もないわけではありませんが，基本的には「労契法上の労働者＝労基法上の労働者」と考えてOKです。

3.1.4　労組法上の「労働者」

　労組法は，労働組合（→詳細は3.3）と会社がしっかり交渉できるように，様々なことを定めています。例えば，会社と業務委託契約を結んだ人たちが集まって労働組合を結成した場合，その人たちが労組法によって「労働者」として保護されるか（つまり労組法上の労働者性）が問題となります。

　労組法上の労働者の定義は，「賃金，給料その他これに準ずる収入によって生活する者」です（労組法3条）。労基法や労契法とは雰囲気が違いますね。結論から言えば，労組法が労働者として保護する人の範囲は，労基法や労契法よりも「広い」のです。

　どうして違いが生じるのか，ポイントは次のように説明できます。ある人が労基法上の労働者にあてはまると，会社側は労基法上の様々な責任，簡単に言えば重めの責任を負うことになります。これに対し，ある人が労組法上の労働者にあてはまったとしても，会社側に生じる責任は，労基法の場合ほど重いものではありません。その人たちが労働組合を作っていればきちんと交渉する，といった責任が中心です。だから，労基法ではよりきっちりと，労組法ではやや広めに，労働者の概念が定められているわけです。まさに「概念

の相対性」（→ 3.1.1）ということですね。

　労組法上の労働者の判断要素も，判例によって具体化されています。代表例の国・中労委（INAX メンテナンス）事件・最三小判平成 23・4・12 労判 1026 号 27 頁（百選 3）は，メーカー A 社の子会社である Y 社と業務委託契約を締結し，Y 社から指示を受けて A 社製品の修理点検業務を行っていたカスタマーエンジニア（CE）が，労組法上の労働者性を認められた事例です。判例を整理すると，表 2 のようにまとめることができます。

　まず①に注目します。ⓐは，その会社にとって不可欠な（中心的な）労働力として，組織内に確保（キープ）されているということです。前掲 INAX メンテナンス事件では，Y 社の従業員よりも CE が圧倒的に多く，CE の存在なしに Y 社は業務を行えない，と言えるような状況でした。ⓑは，契約内容が会社側の提示どおりに決まる（基本的に交渉の余地はない）ということであり，ⓒは，仕事の結果というよりは，働いたことそのものの対価として報酬を得ているということです。まとめると，経済的な面で，働く側が会社側に従わざるを得ない（経済的従属性がある）と言えれば，労働者性を肯定する方向で考えることになります。

　ⓐ〜ⓒに加えて，労基法上の労働者ほどではないけれど，まずまずそれに近い形で働いている，と言えれば，労組法上の労働者性を肯定する補充的な材料となります。②のⓓ，ⓔです。ⓓは，仕事の依頼を「絶対に断れない」（諾否の自由がない）とまでは言えないけれど，「基本的には断れない」という関係を意味します。ⓔは，労基法上の労働者ほどではないけれども，使用者側からある程度具体的な指示を受け，一定の時間的場所的な拘束を受けて働いている，ということですね。要は，その会社の社員に近い形で働いているかどうか，ということです。

表2　労組法上の労働者性に関する判断要素

①	基本的な判断要素
ⓐ	事業組織へ組み入れられている
ⓑ	契約内容が一方的・定型的に決定されている
ⓒ	報酬に労務対価性がある
②	補充的な判断要素
ⓓ	業務の依頼に応じるべき関係がある
ⓔ	指揮監督関係が存在する
③	消極的判断要素
ⓕ	顕著な事業者性がある

　最後に，もしあてはまれば，労組法上の労働者性を否定する材料となるのが③のⓕです（この意味で，③を「消極的」判断要素と呼んでいます）。会社から一方的に仕事をもらうだけではなく，自ら経営判断を行って，利益を増やすために動けるような場合は，労働者というより事業者と言える，ということですね。

　以上の要素の総合考慮によって，労組法上の労働者か否かが決まることになります。ただ，実際には，労基法（労契法）上の労働者であれば，労組法上の労働者にも該当する，と考えて OK です。こうした人たちに加えて，労基法（労契法）上の労働者と言えるほど具体的な指示や拘束を受けて働いているわけではないものの，INAX メンテナンス事件の CE のように，「労働組合を通して使用者側と交渉する権利」を保護すべきと言える人たちが，労組法上の労働者に含まれることになるわけです。

　なお，契約書の名称などではなく，あくまで実態に基づき判断するのは，労組法も労基法，労契法もすべて同じです。

3.1.5　アルバイトやパートは「労働者」か？

　読者の皆さん（特に学生の皆さん）の中には，労働法は就職してからの話で，アルバイトである自分には関係ない，と思っている人もいるかもしれません。しかし，それは誤解です。アルバイトやパートといった，いわゆる非正規労働者も，労働契約を結んだ労働者である以上，労基法をはじめとする労働関係の法律が適用されるのです。ここでは，アルバイトも労働法によって守られる，ということを確認しておきましょう（詳しくは第12章で学びます）。

3.1.6　公務員は「労働者」か？

　労働法は，一言で言えば，民間企業の雇用関係に適用されるルールです（→ 1.1.1）。公務員も民間の労働者と同じように日々働いていますが，労働法ではなく，国家公務員法，地方公務員法など公務員に関する各種の法律によって保護されます。例えば，国家公務員には労基法の適用はなく，地方公務員には労基法の一部の規定のみが適用されます（細かい例外もあります）。これは，国家公務員法などの法律において，労基法などの規定が，一定の公務員には適用されないこと（適用除外）が定められているからです。

　つまり，公務員は，一般的な言葉では「労働者」と言えるのかもしれませんが，労基法などによって「法律上の労働者」として保護される場面は限られているということです。ただ，逆に言えば，適用除外とされていなければ，公務員であっても労基法等の適用がありえます。公務員には労働法は「一切」関係ないということではないので，注意が必要です。また，一口に公務員といっても様々な職種があり，上で挙げた適用除外の内容も異なります。よって，公務

員の労働関係について考えるときは，「公務員全般」ではなく，どの職種の公務員の話なのか，具体的に考えるとよいでしょう。詳細は行政法の教科書等を参照してみてください。

3.1.7　外国人労働者

　外国人が日本で働く（就労する）ためには，入管法（出入国管理及び難民認定法）等に基づく在留資格が必要です。在留資格は，①「永住者」や「日本人の配偶者」など，特定の身分・地位に基づくもの，②「教授」，「経営・管理」，「留学」など，特定の活動に基づくものに大きく分けられます（例えば留学生は，許可を得れば一定限度内でアルバイトなどが可能です）。

　日本では，外国人労働者の受け入れにつき，いわゆる「単純労働」については受け入れないという方針を採っています。しかし実際には，上記の②における「技能実習」として，つまり，あくまで実習という建前で，工場などへの受け入れを行っています（また，人手不足の産業への受け入れを拡大するため，技能実習修了者などを対象とする「特定技能」という在留資格が2019年から設けられています）。

　なお，当然のことですが，労基法などの労働関係の法律は，外国人であっても日本人と同じように適用されます（使用者が外資系企業であっても，日本で事業を行う以上は，日本の労基法が適用されます）。例えば，国籍による差別は禁止です（労基法3条→14.2）。また，こうした法律による保護は，たとえ在留資格を持たない（いわゆる「不法就労」の）外国人であっても適用されることになっています。

3.2 「使用者」

3.2.1 労契法上の「使用者」

3.1 で「労働者」について学んだことをふまえて，「使用者」について法律ごとにポイントをまとめます。労契法上の使用者の問題が一番シンプルなので，順番を入れ替えて先に取り上げます。ある人が労契法上の労働者かどうかを確定したら，その相手方が労契法上の使用者です。労働契約の相手方である会社（個人経営の場合はその個人）が，契約上の様々な権利・義務を負うということです。

3.2.2 労基法上の「使用者」

労基法上の使用者も，労基法に基づいて労働契約上の責任が生じる場合などは，上記の労契法上の使用者と一致するのですが，1つ，重要な違いがあります。労基法 10 条には「この法律で使用者とは，事業主又は事業の経営担当者その他……労働者に関する事項について，事業主のために行為をするすべての者をいう」と定義されています。つまり，労基法上の使用者は，労基法違反の責任（→ 2.2.3）を負う人（行政監督や刑事罰を受ける人）は誰か，という視点からも問題になるのです。具体的には，社長だけでなく，取締役などの役員，それから，（上記の下線部として）部長や課長などの管理職も含まれます。例えば，残業（→ 9.2.2）を命じる権限を持っている課長が，故意に違法な残業を部下に命じてしまった場合，この課長が労基法違反の実行行為者として責任を問われることになります（これを「行為者罰」制度と呼びます）。また，このとき経営側（法人であ

る会社，個人経営の場合はその個人）が何も責任なしというのもおかしな話なので，原則として経営側にも刑事罰（罰金刑）が科されるという仕組みです（労基法121条。行為者と会社の両方が罰せられるので，「両罰規定」と呼ばれます）。

　つまり，労働者の雇い主としていわゆる雇用責任（労働契約上の責任）を負うか否かという文脈では，会社等の法人（個人経営ならその個人）を指すのですが，労基法違反の責任を誰が負うかという文脈では，上司（管理職）なども含まれるわけです。労契法上の使用者と労基法上の使用者の違いですね（→【参考】も参照）。

【参考　「事業主」「事業者」とは】─────────────

　労働関係の法律の中には，使用者のことを「事業主」と表記するものがあります（均等法，パート・有期法〔短時間労働者及び有期雇用労働者の雇用管理の改善等に関する法律〕など）。事業主とは，会社など法人であればその法人，個人経営であればその個人であり，「労契法上の使用者」（要は雇い主）のことだと考えてください。「労基法上の使用者」には管理職なども含まれるのですが，「事業主」には管理職などが含まれないというのがポイントです。また，「事業主」と同じ意味で「事業者」も使われます（労働安全衛生法など）。本書では基本的に使用者に統一し，必要に応じ使用者（事業主）などと併記します。

3.2.3 労組法上の「使用者」

　労組法上の使用者は，労働組合に対し，交渉の義務を負うのはどの会社か，という文脈で問題になります。詳しくは第Ⅲ編の労使関係法で学ぶので，ごく簡単にまとめておきましょう。まず，企業別

の組合，例えばＡ社の社員が集まって「Ａ社労働組合」を作っている場合は，当然，Ａ社が労組法上の使用者となり，交渉の義務を負います。このように，①その労働組合のメンバーを雇っている（＝組合員と労働契約を締結している）会社が，労組法上の使用者となるのが原則です。

　ただし，この原則は，意外に広がりを持っています。というのは，労働組合の中には，「ユニオン」（→ 3.3.2）と呼ばれる，誰でも（どの会社に勤めていても）加入できる労働組合が存在するからです。自分の会社に組合がない人たちや，組合があっても非正社員であるために組合への加入を認めてもらえない人たち（→ 15.1.3）などが加入し，会社と交渉を行う例がしばしば見られます。例えば，組合のないＢ社の社員ｂがユニオンに加入した場合，Ｂ社はさきほどの下線部①にあてはまりますよね。ですから，もちろんｂに関する事柄に限られますが，Ｂ社が労組法上の使用者としてそのユニオンと交渉する義務を負うわけです。さしあたり，以上の原則をおさえておいてください。

3.3　「労働組合」

3.3.1　労働組合とは

　労働組合とは，一言で言えば，労働者が使用者と交渉するために集まった団体のことです。なぜ集まる（団結する）のかというと，労働者一人ひとりは「弱い」からです。職場に不満があっても，「こんなことを主張して大丈夫かな」と不安に感じて言えなかったり，仮に言えても使用者に取り合ってもらえなかったり，といった

ことがあるかもしれません。そこで，団結することで交渉する力
（交渉力）を高めるというのが，労働組合が作られる理由（いわば原
点）と言えます。

3.3.2　労働組合の組織形態 （労使関係の階層構造）

　労働組合及び労働者と使用者の関係，つまり「労使関係」は階層
構造（3層構造）になっており，労働組合も階層別に組織されてい
ます。

　①企業レベルでは，A社とA社の社員の労働組合というように，
企業別労働組合（企業別組合）が組織されています。日本の労使関
係は企業別組合を基盤として成り立っており，企業レベルの労使コ
ミュニケーションはとても重要であると言えるでしょう。

　②産業レベルでは，企業別労働組合が産業ごとに集まり，産業別
労働組合（産業別組合）が組織されています。一企業の枠を超えた
産業レベルの課題等に対応することになります。例えば，毎年度末
（春期）に次年度の賃上げ等について各企業と各企業別組合が交渉
する「春闘」においては，産業別組合が，加入している企業別組合
に対し様々なサポートを行っています。

　③全国レベルでは，「連合（日本労働組合総連合会）」など，産業
別組合等が加入する全国組織の労働組合が組織されています。ただ
し，全国レベルの労働組合は，各企業と交渉するのではなく，政策
形成過程へ参加することが重要な役割と言えます。具体的には，政
党，省庁，使用者団体等と協議したり，審議会（→詳細は6.2.2）等
へ委員を派遣し，労働者や労働組合のための政策を実現するような
活動を行ったりすることが挙げられます。

　なお，企業や産業にかかわらず組織されている労働組合として，

前述（→ 3.2.3）のユニオンがあります（コミュニティ・ユニオン，地域合同労組などとも呼ばれます）。ユニオンは，どの会社で働いても加入できる点に特徴があります。自分の会社に労働組合がない労働者が，会社と紛争が生じた際にいわば「駆け込み」で加入して，ユニオンがその会社に交渉を申し入れる例などが見られます。このように，ユニオンは，労働組合のない会社で働く労働者をサポートする役割を担っているわけですね。

3.3.3　企業別組合のイメージ

　労働法の基本を理解するうえで，労働組合，特に企業別組合のイメージを持っておくことが重要です。特に学生の方にとっては，労働者・使用者についてはアルバイト経験等からイメージしやすいと思われますが，労働組合というのはなかなかイメージしにくい存在ではないでしょうか。

　学生の皆さんにもわかりやすいようにたとえるとすると，労働組合は中学校や高校の「生徒会」と似ています。生徒会では，生徒一人ひとりが投票する選挙で生徒会長や副会長を選びますよね。この生徒会長や副会長に当たるのが，労働組合の「委員長」や「副委員長」です。しかし，生徒会長などの執行部だけでは，各クラスの課題や希望を把握しきれない場合も多いでしょう。そこで各クラスから1, 2名を代議員として選び，代議員会という組織が置かれることになるわけです（呼び名は学校ごとに異なりますが，要は各クラスの代表ということです）。代議員がクラスの希望等を執行部に伝え，代議員を通して執行部が活動方針等を生徒たちに伝える，といったように，生徒一人ひとりと執行部をつなぐ役割を果たすのが代議員です。労働組合で代議員に当たるのが，「職場委員」などと呼ばれる

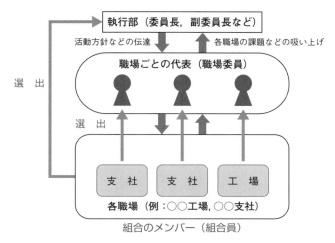

図1　労働組合（企業別組合）のイメージ

役員です。以上のイメージを図1にまとめておきましたので，参
考にしてください。
　なお，労働組合と生徒会の違いとしては，生徒会が基本的には全
員加入であるのに対し，労働組合はそうではないということです。
労働組合に入るか否か，どの労働組合に入るかは自由です（「団結
権」の問題と関係します→詳細は 15.1.1）。そのため，労働組合に加
入しない労働者もいますし，職場の全員が1つの労働組合に加入し
ていることはほとんどありません（実は，労働組合に加入している労
働者は日本の社会全体では少数派です〔→ 15.1.1〕）。また，会社の中
に2つ以上の労働組合（多数組合と少数組合など）が存在する例も見
られます。詳しくは第15章で学びましょう。

第4章 採用

〈本章のポイント〉 会社が労働者を採用するとき，どのようなルールがあるのでしょうか。また，採用を決めた人に対して「内定」を出したり，その「内定」を取り消したりすることもありますが，そこにはどのような規制があるでしょうか。本章では，労働者の募集から採用，内定，そして試用といった，労働関係が始まる時の問題について学びましょう。

4.1 採用の基本ルール

4.1.1 労働者の募集

　労働者の募集の局面では，会社は（人を求める）求人者，労働者は（職を求める）求職者です。労働者の募集は，社員から紹介を受けたり，求人情報サイトを利用したりするなど，原則として自由に行って構いません。新規に学校を卒業して就職しようとする人（新規学卒者〔新卒者〕）の採用では，求人サイトが活用されることが多いようですね。

　また，職業紹介の利用も可能です。職業紹介とは，求人と求職の申込みを受け，労働契約の成立をあっせんすることで，公共機関（公共職業安定所〔ハローワーク〕）が行うものと，民間の事業者が行うものがあります（なお，求人サイトのように求人情報の提供のみを行うものは，職業紹介には該当しません）。

　職業紹介は，職業安定法によって規制されています。例えば，求

人者は，求人の際，労働条件を曖昧なままにせず明示する義務があります（職安法5条の3）。また，事業者が有料で職業紹介を行う場合には，行政（厚生労働大臣）の許可が必要（職安法30条）などとされています。

4.1.2　採用の自由

採用については，使用者に「採用の自由」が広く認められています（三菱樹脂事件・最大判昭和48・12・12民集27巻11号1536頁（百選8））。採用の自由の中心は，募集に応募してきた人から誰を採用するか自由に選択できるという「選択の自由」です。また，選択するために，応募者について調査をする「調査の自由」も採用の自由の一環として認められます。

採用の自由は，厳しい解雇規制（→ 7.2）の「裏返し」として認められています。つまり，いったん採用すると，ちょっとやそっとのことでは解雇する（クビにする）ことはできないのだから，採用の段階では使用者が自由に決めてよいということです。逆から見ると，自由に選んだ以上，解雇はなかなか認めないということですね。

「選択の自由」については，選考方法（筆記試験か，面接かなど）も自由ですし，いわゆるコネ採用も法で禁止されるわけではありません。しかし，選択の自由という「原則」にも，「例外」があります（法律の話は，原則と例外の対比が重要な場合が多いです）。法律による明確な制限があれば，使用者の選択の自由も例外的に制限を受けます。例えば，均等法5条は，性別を理由として募集・採用時に差別することを禁止しています（→ 14.3.1）。

なお，違法な採用拒否は不法行為（民法709条）に当たり，慰謝料など損害賠償を支払う責任が会社側に生じます。しかし，採用，

すなわち，労働契約の締結が強制されることはありません。そこまでは法が介入できないと考えられているからです。ですから，例えば性別を理由に採用されなかったとしても，慰謝料など損害賠償を請求できるにとどまります（もっとも，性別を理由に採用されなかったことを証明するのは，かなり難しいかもしれません）。

　次に「調査の自由」について，判例は，応募者の思想・信条を調査することも違法とは言えないという立場を取っています（前掲三菱樹脂事件）。しかし，この判例は40年以上前の古い事件です。個人情報やプライバシーを重視しようという考え方が強くなっている現在では，採用選考や業務に関わりのない情報の収集は，判例が言うように違法ではないとしても，控えるのが妥当と言えるかもしれません（集めた情報が漏洩でもすればさらに問題です）。なお，行政の指針には，個人情報保護の観点から，使用者は原則として差別の原因となるおそれのある情報等（思想，信仰，労働組合加入の有無，本籍，出生地など）を収集してはならないとするものがあります（厚生労働省「労働者の個人情報保護に関する行動指針（平成12・12・20）」）。こうした指針の存在からも，会社は採用の際の調査については慎重に考えるべきと言えそうです。

4.2　採用内定

【設例4-1】　大学生のＸは，就職活動の結果，大学4年の8月にＹ社から採用内定を得て，10月1日には正式な内定通知を文書で受け取り，入社の誓約書などを提出した。ところが，卒業間際の3月になって，突然，内定を取り消すとの連絡があった。Ｘは，内定取消しは無効であると主張しているが，Ｘの主張は認められるだろうか？

4.2.1　採用内定の法的性質

　設例 4-1 では内定の取消しが行われています。内定取消しの問題を考えるためには，採用内定の法的な意味，つまり採用内定の法的性質を知る必要があります。一言で言えば，採用内定とは始期付・解約権留保付の労働契約の成立です（大日本印刷事件・最二小判昭和 54・7・20 民集 33 巻 5 号 582 頁（百選 9））。採用内定によって，内定者と会社の間には労働契約が成立します。しかし，働き始めるのはあくまで入社後（新卒採用であれば学校卒業後の新年度から）なので，「始期」付きです。また，学校を卒業できなかった場合などは内定を取り消す可能性もあるということで，内定取消権（労働契約の解約権）を会社側がキープ（法的には「留保」）した「解約権留保」付きです。

　採用内定の実態は様々ですが，一般的には，他社への就職活動を妨げるような拘束，採用を確信させるような言動，文書による採用内定通知などの事情があれば，労働契約が成立したと言えるでしょう。

　なお，採用「内々定」という表現が用いられることもあります。しかし，法的には，内定と内々定の言葉の使い分けそのものに意味はありません。あくまで実態で判断されます。上記の諸事情が認められれば，たとえ会社が内々定と表現していても，法的には内定（労働契約の成立）とされる場合も十分ありえます。つまり，「内々定と呼んでいるから，労働契約は成立しない」とは限らないということです。

　また，労働契約を締結する際，使用者は，労働者に対し，労働条件を明示する義務（労働条件明示義務）があります（労基法 15 条）。重要な一定の事項については，書面で明示しなければならないとさ

れています。上記のように採用内定によって労働契約が成立する以上，労働条件の明示も内定の段階で行わなければならないということになります。

4.2.2　内定取消し

内定が労働契約である以上，内定取消しは労働契約の解約を意味します。使用者が労働契約を一方的に解約することを「解雇」と呼びますので，内定取消しは予約のキャンセルの問題などではなく，解雇の問題となります。したがって，内定取消しの法規制には，第7章で学ぶ解雇権濫用法理（労契法16条）が用いられます（→ 7.2.4）。判例は，内定取消しは「客観的に合理的と認められ社会通念上相当として是認することができる」場合にのみ許されるとしていますが（前掲大日本印刷事件），これは上述の通り労契法16条と同内容です。

さしあたり，内定取消しにはきちんとした理由などが必要であり，内定取消権の濫用は許されないこと，内定者は裁判などで内定取消しの無効を主張し，自分が労働契約上の地位にあることの確認を求めうることをおさえておいてください。会社側が内定取消権（解約権）を「留保」して，権利として持っていたとしても，権利の濫用が許されないこと（→ 1.2.3）には変わりがないわけですね。

一般に，内定取消しは，内定者が成績不良で学校を卒業できなかった場合，健康状態が著しく悪化した場合，学歴詐称など虚偽申告が判明した場合，重大な犯罪で逮捕・起訴された場合，経営が悪化した場合などに行われます。個別の事案ごとに，内定取消しが解約権の濫用か否かを判断することになります。

なお，実際の紛争では，入社前ということもあり，裁判で最後まで争うのではなく，話し合い（和解）で金銭的に解決する例も多い

ようです（内定者が和解金を受け取って内定の解消を認め，他の就職先
を探すという解決の形です）。

　濫用か否かの判断においては，採用後の社員と全く同程度に（手
厚く）保護されるわけではなく，やはり入社前ですから，内定取消
しは権利濫用とまでは言えないと判断されることも少なくないでし
ょう。しかし，重要なことは，内定だからといって自由にキャンセ
ルできるわけではなく，内定取消しの効力が法的に争われうるとい
うことです。内定取消しが解約権の濫用にあたる場合，その解約
（内定取消し）は法的に無効とされます。設例4-1においても，内
定取消しが（その理由などに照らして）権利濫用に当たるかどうかが
問われることになります。

4.2.3　内定辞退

　内定を辞退することは，労働者側からの労働契約の解約を意味し
ます。これも第7章で学びますが，労働者側からの労働契約の解約
は辞職と呼ばれ，ほとんど法規制がありません（→7.1.2）。例えば
正社員であれば，会社側に辞職の意思を伝えてから2週間で労働契
約が終了します（民法627条）。内定辞退についても同じルールがあ
てはまるため，入社の2週間前までに辞退をすれば，入社前に労働
契約が終了します（もちろん，マナー的には，辞退が確実な場合に早
めに辞退すべきことは言うまでもありません）。

4.2.4　内定期間中の法律関係

　内定から入社までの期間中，内定者が内定者研修等に参加する義
務があるのかが問題になることがあります。

　原則と例外で整理すると，原則は，内定者・会社間にいかなる合意があったかで決まります。例えば，研修について説明を受けた内定者が，研修参加に異議を述べていなければ，研修参加につき合意があるものとして参加義務が肯定されると言えるでしょう。

　ただし例外として，「学業への支障」など，合理的な理由により研修に参加できない旨を内定者が申し出た場合は，信義則（→ 1.2.4）に基づき，会社は研修を免除する義務があると言えます（宣伝会議事件・東京地判平成 17・1・28 労判 890 号 5 頁）。

　なお，以上見てきた内定・内定取消し等に関するルールは，新卒採用の場合だけでなく，中途採用の場合においても同じようにあてはまります。

4.3　試　用

　試用（試用期間）とは，「試しに用いる」という表記の通り，労働者が仕事に対応できるか（仕事への「適格性」の有無）を観察・評価するための期間のことです。数年に及ぶなどあまりに長期間でなければ，試用期間を定めること自体は法的に認められます（3 か月，6か月などとする例が多いようです）。また，試用期間中を仮採用，期間満了後を本採用と呼ぶ例も見られます。

　さて，試用というと「お試し期間」というイメージがあるかもしれませんが，実は法的には「お試し」のイメージからは遠いです。というのは，試用期間中も，労働者と使用者の間には労働契約が成立しています。内定時の「始期付・解約権留保付労働契約」が，入社したことによって「始期」が取れて，「解約権留保付労働契約」になると解釈されています。確かに，適格性に問題がある場合に解

約（つまり解雇）する権利は留保してありますが，権利の濫用が許されないことに変わりはありません。つまり，試用期間中であっても解雇権の濫用は許されず，解雇にはきちんとした理由などが必要です（内定取消しと同じことです）。

したがって，試用期間満了時に本採用せず労働契約を終了させようとすること，あるいは，試用期間中に解雇することの可否は，解雇権濫用法理（労契法16条）に基づき判断されます（→7.2.4）。仮に使用者が「解雇」という表現を使わず「本採用に至らなかった」という表現を用いたとしても，解雇の話に変わりはないというわけですね。試用期間だからと言って簡単に解雇できるわけではなく，その意味で「お試し」とはほど遠い（お試しのつもりで雇って，ダメだったら簡単にクビにする，ということはできない）ことをしっかりおさえておきましょう。

第5章 人　事

〈本章のポイント〉　人事（人事異動）は，企業内で出世（昇進）する場合などタテ方向に動くものと，転勤（配転）などヨコ方向に動くものに分けられます。人事の法規制は，権利濫用法理（労契法3条5項など）が中心なので，人事の類型ごとに，濫用か否かの判断要素など特徴をおさえましょう。また，休職・復職の問題や，合併など企業組織が変動する場合の問題についても本章で取り上げることにします。

5.1　人事の基本的な枠組み

5.1.1　人事全般に共通する基本的な考え方

　人事に関する紛争の多くは，使用者が命じた転勤などの人事（人事異動）に対して，労働者に不服がある場合に生じます。このとき法的にポイントとなるのは，次の2点です。1点目は，使用者に，そのような人事（人事異動）を命じる権利があるか，すなわち，❶権利の有無です。2点目は，命じる権利が使用者にあったとして，権利の濫用はないか，すなわち，❷濫用の有無です。濫用であれば，その命令は法的に無効です。人事は企業の経営と大きく関わることなので，さしあたり企業に権利を認めておき，あまりにひどい（濫用的な）人事が行われた場合にストップを掛けられるような仕組みになっているのです。

　人事の類型は，昇進や昇格，降格など，企業内で労働者の地位な

どが上下するタテ方向のもの，配転や出向など，企業内で，あるい
は企業外へ労働者が移動するヨコ方向のものに大きく分けられます。
❶❷を意識しつつ，まずはタテ方向の人事から見ていきましょう。

5.1.2　職能資格制度

　人事について具体的に見ていく前に，日本企業，特に大企業の比
較的多くが採用している人事制度である「職能資格制度」について
知っておくと，理解がスムーズです。職能資格制度とは，「役職」
と「資格」の２つの指標で人を管理する仕組みです（次頁の図１）。
役職とは部長，課長，係長といった職位（要は肩書き）のことで，
これに基づき組織内における権限等が決まります。資格は「職能資
格」の略で，能力の格付けのことを言います。「○○を取り扱える
資格」とは意味がちょっと違っていて，職務遂行能力，つまり仕事
をする能力を評価し格付けを行ったもので，これに基づき基本給が
決まると考えてください（なお，役職者には基本給のほかに役職手当
が付くかもしれませんが，基本給の額はあくまで資格に基づき決まりま
す）。例えば全社員を４つに区分して（上から参与，参事，主事，社
員〔一般社員〕），資格ごとに１級～５級など細かい「級」を設ける
といった例が見られます。

　ここでのポイントは，役職と資格がゆるやかに結びついていると
いう点です。「ゆるやか」とはどういう意味かというと，ある役職
に就くには一定以上の資格が必要とされるのですが，一定以上の資
格に到達したからといって，必ずその役職に就けるわけではないか
らです。例えば係長になるには主事の資格が必要だとしても，主事
の有資格者全員が係長になれるわけではありません（そんなにたく
さんの「係」はないということです）。

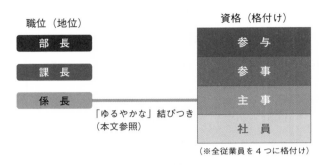

図1　職能資格制度のイメージ

　なお，基本給を決める際，仕事（職務）に対応して，この職務な
ら○円と定める「職務給制度」，職務を等級（グレード）に分類し，
等級ごとに○円〜○円と定める「職務等級制度」なども見られます。
ただ，そうすると，配転（→ 5.3.1）など人事異動の際にいちいち
基本給も変更ということになって，人事管理が煩雑になる可能性が
あります。この点，職能資格制度であれば，異動の前後で資格が変
わるわけではありませんから，賃金の主要部分は変わりません。異
動を命じやすいわけですね。このように，職能資格制度は，解雇を
あまり行わずに，社内で人事異動などを駆使して柔軟に調整してい
くという日本企業の傾向（→ 1.1.4 の「日本的雇用システム」を参
照）に合っていると言えます。だからこそ，多くの企業（特に大企
業）で採用されてきたわけですね。

5.1.3　人事考課（査定）

　以上の役職や資格は，使用者が（具体的には上司が）労働者を評
価する人事考課（査定）に基づき決められます。何を評価のポイン
トにするかは本当に様々ですが，ざっくり言えば，能力・情意・業

績（情意とは勤務態度，要は「やる気」のことです）の3項目を柱に，さらに細かく項目分けがなされていることが多いでしょう。人事考課は就業規則等で制度化されることによって労働契約の内容となるため（→ 2.4.3），使用者は人事考課を行う権利を持つことになります。

人事考課はまさに経営に直結することなので，基本的には使用者に広い裁量が認められています。ただ，何でもあり，というわけではなく，会社が自ら定めた制度に反した場合，例えば，評価対象期間外に起こったことを考慮してその期の査定を行った場合は，さすがに違法とされます（マナック事件・広島高判平成13・5・23労判811号21頁。具体的には，不法行為〔民法709条〕に当たるとして損害賠償の対象となります）。また，権利の濫用は当然許されませんので，嫌がらせ目的で低い評価を付けた場合なども権利の濫用で違法とされることがあります（労契法3条5項）。

5.2 昇進・昇格・降格（タテ方向の人事）

5.2.1 用語の整理

まず，それぞれの用語の意味を確認しておきます。昇進は部長，課長といった企業組織における役職や地位の上昇，昇格（昇級）は職能資格制度における資格（級）の上昇を指します。降格は役職か資格のいずれかを（あるいは両方を同時に）低下させることを指します。例えば「Aさんが課長から部長に昇格した」という表現は，一般にはもちろん使われますが，法的な文脈では使わないわけですね（この場合は役職の上昇ですから「昇進」です）。なお，上げる場合

は何を上げるかで昇進と昇格を使い分けるのに対し，下げる場合は
降格しか言葉がない点にも気を付けてください。

5.2.2　昇進・昇格のルール

　次に，ルール（法規制）を見ていきます。いずれも，基本的な考
え方は，本章の最初に整理した❶権利の有無と❷濫用の有無です
（→ 5.1.1）。ただ，昇進と昇格については，原則として使用者に広
い裁量が認められることをおさえておけば十分です。昇進が嫌で会
社を訴えるという状況は考えにくいですから，紛争になりにくいわ
けですね。ただ，昇進や昇格の差別は法的な問題となりえます。具
体的には，まず，労働者の思想を理由に昇進・昇格させなかった場
合など，差別を禁止する法律の規定に違反した場合が挙げられます
（思想による差別を禁じた労基法3条違反→ 14.2.1）。また，他の人が
「えこひいき」されたことで昇進・昇格できなかった場合のように，
裁量権が濫用された場合（労契法3条5項）も違法です。

　ただ，こうした差別があったことを法的に証明するのは，なかな
か難しいと言えるでしょう。また，仮に証明できたとしても，法的
な救済は損害賠償であって，昇進・昇格そのもの（裁判における「昇
進・昇格した地位にあることの確認請求」）は基本的に認められません。
勤続年数など客観的な条件のみを満たせば昇進・昇格できるといっ
た制度であれば話は別かもしれませんが，そういう特別な場合を除
き，そこまでは法が介入できないと考えられています。

5.2.3　降格のルール

　降格については，ⓐ役職を低下させる場合とⓑ資格を低下させる

場合で分けて考えるのがポイントです。

　ⓐの場合は使用者の裁量の幅が広く，ⓑの場合は狭いのが特徴です。ⓐの役職の人事，つまり誰をどのポジションに付けるかについては，経営との結びつきが特に強いため，法的な規制はそれだけゆるいわけです（もちろん，実際に誰かがⓐの降格を命じられれば，「いったい何があったんだ」と社内で騒ぎになるかもしれませんが……）。業務上の必要性があり，かつ権利濫用に当たらない限り可能で，濫用とされる例も多くありません。

　これに対し，ⓑの場合は，経営との結びつきというより，各人の基本給（賃金）と直結しうる問題です。労働者に与える影響が大きいわけですね。しかも，「能力がある」としていったん上げた格付けを引き下げるわけです。したがって，⑦就業規則の降格規定など，降格に労働契約上の明確な根拠があることが必要となります。それを前提に，⑦降格に値するような職務能力の低下が本当にあったのか，⑦行き過ぎ（権利の濫用）ではないのか，といった点が厳しく検討されることになります（⑦能力低下が認められなかったり，⑦権利濫用であったりすれば，その降格は無効とされます）。

　以上のように「人事」の一環として行われる降格には，育児や介護等との関係で，仕事の負担を減らすために役職から外れる場合（ⓐの例），病気やケガによって職務遂行能力が低下して資格が下がる場合（ⓑの例）など，様々なものがあるので，ケースごとに丁寧に判断する必要があります。なお，明確な罰，すなわち，「懲戒処分」として降格が行われるときもありますが，その場合は懲戒処分に関するルール（→ 6.1.2）にしたがって判断しますので，混同しないようにしてください。

5.3 配転・出向・転籍 （ヨコ方向の人事）

5.3.1 配 転

　配転とは，同一の会社内における職種・職務内容や勤務場所の長期間にわたる変更のことです。多くの職場を経験させることによる人材の育成や，雇用の調整のために行われています。転勤も配転の一種で，勤務地に注目した言い方です。また，出張と配転は，厳密な区別はありませんが，一般に短期であれば出張，年単位など長期であれば配転と呼ぶと考えてください。

　さて，以下の設例について考えてみましょう。

【設例 5-1】　Y 社の従業員 X は，会社の営業強化方針の一環として，東京本店から仙台支店への配転を命じられた。同社の就業規則には「会社は従業員に配転を命じることができる」と定められている。しかし X は，別会社で働く夫と 5 歳の子供と同居しており，この配転には応じたくないと思っている。

　ここでも，本章の最初に整理した❶権利の有無と❷濫用の有無に沿って考えます（→ 5.1.1）。設例の法的なポイント❶は，権利（ここでは配転命令権）の有無です。たいていの会社では，就業規則に設例のような配転命令権の根拠規定があります。こうした規定には特段おかしな点はなく合理的と言えますから，労働契約の内容となります（→ 2.4.3）。したがって，Y 社は X に対し配転命令権を持つことになります。

　ただし，労働者のキャリアや家庭の事情等を考慮して，職種や勤務地を限定する約束をしている場合（限定の合意がある場合）は話が

別です。例えば，勤務地の限定の合意は，全国転勤を定める就業規則の規定よりもその労働者にとって有利ですよね。この場合，就業規則よりも個別の合意が優先されるため（→ 2.4.3），使用者の配転命令権は合意の範囲に限定されます。設例 5-1 で，仮に，家庭の事情等を考慮し勤務地を東京に限定する合意があったとすると，仙台への転勤はそもそも命令できないことになります（もちろん転勤に X が同意すれば話は別です）。

法的なポイント❷は，配転命令権の濫用の有無です。配転には専用の条文がないため，権利濫用を禁止する一般的な規定である労契法 3 条 5 項を用います（→ 1.2.3）。

そうすると重要なのは濫用か否かの判断要素ですが，判例によると次の 3 つです（東亜ペイント事件・最二小判昭和 61・7・14 労判 477 号 6 頁（百選 61）。設例 5-1 の原型です）。まず，配転命令にⓐ業務上の必要性がない場合，権利濫用で無効です。ただ，「余人をもって代えがたい」ほどの必要性は要求されませんので，設例の営業強化方針といった事情があれば，必要性は「ある」と考えてください。次に，必要性があるとしても，ⓑ不当な動機・目的がある場合，または，ⓒ労働者の不利益が大きすぎる場合に当たれば，権利濫用です。ⓑは，退職に追い込もうとするような嫌がらせ目的が典型例です。設例では特に出てこない話ですね。ⓒについては，職場が変わることで労働者に不利益が「ある」というレベルを超えて，不利益が「大きすぎる」というのがポイントです（前掲東亜ペイント事件は「通常甘受すべき程度を著しく超える不利益」と述べています）。実際にはⓒで結論が決まる紛争が多いと言えます。

ただ，不利益がどの程度かは，まさにケース・バイ・ケースです。設例 5-1 も，例えば，Y 社が X に単身赴任手当の支給などのサポートを行うのか，X の夫はどれくらい育児や家事に関われるのか，

親などのサポートは期待できるかなど，X の不利益の大きさがどの程度かで結論が決まります。この点，勤務地が変わる配転（転勤）で育児や介護が困難になる場合は，使用者に配慮が義務付けられています（育介法 26 条）。具体的には労働者と面談を行って事情を聞くなど丁寧な対応が必要であり，配慮（面談等）をせずに配転を命じた場合，ⓒに該当するとして，権利濫用で配転命令が無効とされる可能性がとても高くなります。

　なお，実際の紛争では，配転命令を拒否したこと（業務命令違反）を理由に労働者を解雇する例が見られます。もし配転命令が無効であれば，無効な命令を拒否したから解雇，という話は（当たり前ですが）通りませんので，解雇も無効です。配転命令が有効な場合は，それに反したことを理由とする解雇が解雇権濫用（→ 7.2.4）か否か，事案ごとに判断することになります。

5.3.2　出　　向

　出向とは，元の使用者つまり出向元の従業員の地位を維持しつつ（つまり在籍しつつ），他の使用者つまり出向先の下で長期間にわたり働くことです。だからフルネームは「在籍出向」です。企業グループ単位で労働者の育成や雇用の調整を行う場合などに用いられます。なお，短期間であれば出張や応援と呼ばれることもありますね。また，派遣法の枠組みの中で行われる労働者派遣（→ 12.5）も，出向とは区別されます。

　出向では，基本的な労働契約関係は出向元に残り，仕事を命じる権利などが出向先に移ると考えてください。例えば賃金をどちらが負担するかは，法律の規定がないため，出向元と出向先の合意（協定など）によって決まります。労基法などの法規制も，実態に応じ

て出向元・先のどちらが責任を負うかが決まります。

　出向に関する紛争も，配転に関する設例5-1のように，出向命令に労働者が応じたくない場合が典型例です。法規制も配転とほぼ同じであり，❶権利の有無と❷濫用の有無がポイントです。

　ただ，❶については1点だけ，配転と異なる点があります。出向命令権が認められるためには，就業規則の根拠規定に加えて，出向期間，出向中の地位や労働条件などに関して，出向労働者の利益に配慮した出向のルールが必要な点です。

　というのは，実は，出向元が「労働者に仕事を命じる権利」を出向先へ譲渡する場合（つまり出向を命じる場合），その労働者の同意が必要とされているのです（民法625条）。しかし，出向者の利益に配慮がなされていれば，会社が変わる不利益が軽減されるため，出向を配転と同視できます。そのような出向であれば，労働者があらかじめ同意しているものと考えて構わないでしょう。つまり，民法625条の問題をクリアするために，出向者の利益への配慮が必要ということになるのです。判例も，以上のような理由付けを詳しく述べているわけではないのですが，出向労働者の利益への配慮があれば一方的な出向命令権を使用者に認めてよい，という立場を採っています（新日本製鐵〔日鐵運輸第2〕事件・最二小判平成15・4・18労判847号14頁（百選62））。

　また，❷の判断要素は，配転の場合（前記5.3.1の@〜©）と同じです。出向には，濫用に当たる出向命令を無効と定めた労契法14条があります（配転には専用の規定がないので，一般的な労契法3条5項を用いていました）。労契法14条は，濫用か否かの判断要素として「その必要性，対象労働者の選定に係る事情その他の事情」を挙げていますが，「その必要性」が@業務上の必要性，「対象労働者の選定に係る事情」が⑥不当な動機・目的，「その他の事情」が©

労働者の不利益に対応すると考えてください。要は，配転命令が濫用か否かの判断要素とまったく同じということです。

5.3.3　転　籍

　転籍は，元の会社との契約関係が解消され，転籍先との契約関係に入ることを言います（完全に「籍」が移「転」することです）。契約関係そのものの変更であるため，労働者本人の個別の同意が必要です。言い換えれば，一方的な転籍命令権というものは存在しません。なお，転籍命令を拒否した場合，「うちには君の仕事はないから」という理由で解雇が当然に許されるわけではなく，あくまで解雇のルールに基づき判断されることになります。なお，「会社分割」に伴う移籍はまた別の話です（→ 5.5.3）。

5.4　　休　職

5.4.1　休職（私傷病休職）制度の枠組み

　休職は，その名の通り「仕事を休ませる」ことで，法的には，労働契約を存続させたまま，働く義務（労働義務）を一時的に消滅させることを言います。実は法律上の制度ではなく，就業規則等で定められることによって，会社ごとに制度化されています。制度がない会社もありますし，休職期間中を有給とするか無給とするかなど，細かい点は会社によって異なります。

　休職の種類（類型）には，刑事事件で起訴されて出勤できない（会社としても出勤してもらっては困る）場合の「起訴休職」，労働

組合の役員に専念させるための「組合専従休職」，その他，労働者
の都合による「自己都合休職」など，様々なものがあります。ただ，
最も重要なのは「私傷病休職」（いわゆる病気休職，傷病休職）です。
多くの企業で導入されており，法的な紛争も多いです。そこで，本
書では私傷病休職に絞って解説します。

　まず，私傷病休職の「私」とは，2.6.1 でも触れたように，仕事
を原因とする傷病ではないという意味です。仕事が原因（業務上の
傷病）で休んでいるのであれば労災（労働災害）の問題となり，話が
変わってきます（業務上の傷病の場合，休職期間及びその後の 30 日間
は，解雇や退職扱いが原則として許されません〔労基法 19 条〕（→ 7.2.2)）。

　これに対し，私傷病休職は，私傷病で働けなくなっても「働くと
いう労働契約上の義務が果たせない＝すぐに解雇」とするのではな
く，休んで治し，復帰させることを目指す制度です。労働者が安心
して療養できるのはもちろん，使用者もせっかく育成した従業員を
失わなくてすみますので，労使ともにメリットがあります。この点
から，私傷病休職は解雇を猶予（回避）する措置という位置付けが
できます。

　次に，休職から復職に至る一般的な流れを見てみましょう。まず，
私傷病の種類や勤続年数等に基づき，休職期間（3 か月，1 年等）を
設定しておき，私傷病で働けなくなった場合に，使用者からの命令
で休職が始まります。実際には，「欠勤」が就業規則所定の期間続
いた場合に，より長期的な制度である「休職」の命令を出す，とい
った制度が多く見られます。そして，所定の休職期間満了までに，
私傷病が治ったこと（治癒）が使用者によって確認されれば，復職
が命じられることになります。制度の設計にもよりますが，復職の
可否は使用者が判断するのが基本です。労働者は，復職を求める際，
就業規則等の定めに従って，医師の診断書を提出したり，会社で面

談を受けたりするなど，判断の材料を提供することになります。

　ここで，休職期間満了時に私傷病が治癒していない（復職できない）場合，どうなるのでしょうか。復職は無理，と会社が判断した場合，就業規則の規定としては，休職者を「解雇するものとする」「退職するものとする（自動退職とする）」，どちらの定め方も見かけます。ただ，実は本質的な違いはありません。なぜなら，仮に復職が可能であるならば，解雇でも自動退職でも法的に許されないのは当然だからです。言い換えれば，休職制度では，復職の可否（治癒の有無）が正面から問題になります。仮に，法的に見て復職可能性がまったくないとすれば，解雇は解雇権濫用に当たらないでしょうし（→ 7.2.4），自動退職も許容される（労働契約を終了させてよい）と考えられるからです。

5.4.2　復職の可否の判断

　それでは，以下の設例を見てください。

> 【設例 5-2】　私傷病で休職中の社員が，休職期間の満了直前に「就労は可能」と書かれた主治医の診断書を提出し，復職を申請してきた。しかし，本人の状態を確認したところ，休職前の業務に就くことは難しいように思われる。復職を拒否し，就業規則の規定に沿って退職扱いとすることは認められるだろうか？

　まず，原則から言うと，復職の条件は，休職前の業務を支障なく行える状態に回復することです。当たり前というか，「治癒」の一般的な語感の通りですね。設例でも「元の仕事はできない＝治っていない＝残念ながら復職は無理」と会社が考えたとしても，言葉の意味通りの解釈で，それはそれで無理はありません。

　しかし，ここでおさえておくべきは判例の考え方です。判例は雇用の継続を重視する傾向にあり，休職期間満了時に元の仕事ができるまで回復していなくとも，労働契約の終了を認めないことがあるのです（JR東海事件・大阪地判平成11·10·4労判771号25頁（百選75））。

　具体的には，使用者は信義則（労契法3条4項→1.2.4）に基づき，㋐相当期間内に（つまり，もう少しだけ待てば）治癒が見込まれる場合には，もう少しだけ待つこと（短期間の復帰準備期間を提供すること），㋑従来の業務より負担の軽い業務（軽易業務）には就くことができ，かつ，現実に配置可能な軽易業務が存在する場合には，その業務での復職を認めることが求められるのです。

　特に㋑が重要で，この場合，私傷病は治っていないわけです（㋐と異なり，もう少しだけ待てばよい，という話でもありません）。治っていないのですが，別の軽易な仕事で復職させなければならないわけです。使用者側にとっては「なぜ？」という話かもしれませんが，上述のように，雇用の継続を重視した判断と言えるわけですね。なお，その休職者のために軽易業務を新しく作り出す義務まではありませんが，特に大企業であれば，会社中を探せば何かあったはず（だから退職扱いは認められない），と判断される例もしばしば見られます。

　以上からすると，設例5-2でも，元の仕事ができないことだけを理由に退職扱いとすることは認められません（裁判では，退職扱いは無効で，労働契約が存続していると判断されることになります）。本人にできる仕事はないのか，その仕事に配置することは可能か，といった点からの検討が不可欠です。なお，傷病のために従来よりも能力が低下したと言える場合は，例えば職能資格を降格して賃金を下げる，といった待遇面の調整は認められることになりそうです（→5.2.3）。

　最近，精神的な不調や疾患による休職が増えていると思われます。
精神疾患の場合は，身体的なケガや病気と比べると，「治った」か
どうかの判断が難しく，また，同じ症状や類似の症状で「再発」す
るケースも多いという，難しい部分があります。スムーズな復帰の
ために，最初は「リハビリ勤務」で徐々に慣らすといった試みもよ
く見られますね。いずれにしても，会社の担当者だけで判断するこ
とには限界もあるので，医師（産業医）など専門家の判断を活用す
べき場合もあると言えるでしょう（→【参考】）。

【参考　復職における産業医の判断】────────────────
　休職・復職の判断に際し，「産業医」が専門家として重要な役割を
担うことがあります。産業医は，労働者の健康管理に関する助言や
指導を行うために，労働安全衛生法（安衛法）に基づき，事業場の
規模に応じて使用者が選任することとされています（→ 13.1.1）。
仮に復職の可否について主治医と産業医の判断が食い違った場合，
主治医は基本的に患者（労働者本人）の話を通じてしか職場の状況
を把握できないのに対し，産業医は自身の職務を通して職場の状況
を把握し，それに加えて労働者本人を診断しているので，産業医の
判断が妥当と判断される例がしばしば見られます（*カントラ事件・大
阪高判平成 14・6・19 労判 839 号 47 頁等*）。

5.5　企業組織の変動と労働契約

5.5.1　合 　併

　以下では，合併など企業組織が変動する場合に労働契約がどうな
るかについて，ポイントを整理しておきます。

合併とは，複数の企業が1つになることで，Ａ社がＢ社を吸収する「吸収合併」やＣ社とＤ社が合併してＥ社を新設する「新設合併」があります。労働契約は，合併前の会社における労働契約が，当然に，合併後の会社に引き継がれます（「当然に」というのは，特別な手続等は必要ないということです）。Ｂ社の社員はＡ社の社員に，Ｃ, Ｄ社の社員はＥ社の社員になるわけですね。労働契約がまるごと引き継がれるので，「包括承継」と呼ばれます。

5.5.2　事業譲渡

事業譲渡とは，企業組織の全部または一部を，一体として他の会社に譲渡することを意味します。例えば「Ａ社が○○部門をＢ社に売却」する場合などがあてはまります（○○部門が事業譲渡されているわけですね）。

このとき，上記の○○部門の労働者ＸがＢ社に移る（承継される）かどうかは，譲渡元（Ａ社）と譲渡先（Ｂ社）の合意，及び，Ｘの同意の有無で決まります（民法625条〔→5.3.2〕も参照）。仮にＡ社とＢ社がＸの承継を合意したとしても，ＸはＢ社への承継を拒否することができます（Ｘの同意があれば承継されます）。また，Ｘが承継を希望しても，Ａ社とＢ社が承継させないと合意した場合，承継されることはありません（→【参考】も参照）。合併と異なりＸが当然に移るわけではなく，合意などで特定された者だけが移るので，「特定承継」と呼ばれます。

【参考　事業譲渡における承継拒否の救済】──────────
　事業譲渡の際，会社間の合意で労働者を承継させないことが例えば違法な差別に当たるような場合，やや技巧的な解釈ですが，承継から排除した労働者も含めて承継する合意があったものと解釈して，

労働者の承継を認める判例が見られます（勝英自動車学校〔大船自動車興業〕事件・東京高判平成17・5・31労判898号16頁等）。

5.5.3 会社分割

　会社分割とは会社法上の制度で，事業に関する権利義務の全部または一部を他の会社に承継させる制度です（会社法757条以下）。A社の○○部門を新しくB社とする「新設分割」，A社の△△部門をC社に引き継がせる「吸収分割」があります。事業譲渡と一見似ていますが，会社法で様々な手続が定められている点が大きく異なります。

　労働契約は，労働契約承継法（会社分割に伴う労働契約の承継等に関する法律）が特別に定められており，同法のルールに基づき承継の有無が決まります（労働契約承継法2条～5条参照）。ポイントは，労働者の同意がなくとも承継される場合があることです。具体的には，①上記でA社の○○部門や△△部門に「主として従事」している労働者は，B社やC社に承継されるのが原則で，会社分割の手続の中で承継されないという扱いを受けた場合，異議を申し出て承継されることができます。このとき，承継されるという扱い（つまり原則通りの扱い）に対しては異議を出せないので，承継を拒否することは基本的にできません。なお，②「主として従事」しているとは言えない労働者は，承継されないのが原則なので，承継されるという扱い（つまり原則と異なる扱い）に対しては異議を申し出て拒否することができます。

　以上のように，本人の意思に関係なく移ることがあるので包括的ではありますが，合併のようにまるごとではないので，「部分的包括承継」と呼ばれます。

第6章 懲戒・ハラスメント

〈本章のポイント〉 本章では「懲戒」と「ハラスメント」を取り上げます。まず，懲戒とは労働者への罰のことですが，使用者は労働者と契約を結んだ対等な関係のはずなのに，懲戒という罰を与えられるのはなぜでしょうか。この疑問を考えつつ，具体的なルールについて学んでいきましょう。後半では，最近，社会の関心を集めている職場のハラスメントの問題について，誰にどのような責任が生じるのかなどを整理していきます。

6.1 懲 戒

6.1.1 懲戒処分とは何か

懲戒処分とは，一言で言えば労働者に対する罰のことです。労働者が何か悪いことをしたから罰を受けるわけですが，労働法ではこの「悪いことをした」ということを「企業の秩序に違反した」とか「企業の秩序を乱した」と表現します。よって，懲戒処分とは「労働者の企業秩序違反行為に対する制裁としての罰である」と定義できます。

処分の典型例として，戒告，けん責，減給，出勤停止，懲戒解雇などがあります。どのような処分を科すかは法律で定められているわけではなく，会社ごとに就業規則で定めることなので，会社ごとに微妙に違います。一般に，戒告は口頭の注意，けん責は口頭の注意に加えて労働者から始末書を提出させることです。減給は本来支

払う必要のある賃金額から一定額を減らす（控除する）ことで，労働者の生活へ影響するため，多額の減給はできないように制限されています（労基法91条。1回の額が平均賃金〔ボーナスを除く直前3か月間の賃金総額を平均した1日分〕の半額を超えてはいけません）。出勤停止は，一定期間出勤をさせず，その間の賃金も支払わないことです。懲戒解雇は言うまでもなく一番重い懲戒処分であり，罰として解雇することです（退職金も支払われないのが一般的です→8.2.2）。

　なお，労働者と使用者は，労働契約という契約を締結した，その意味では対等な当事者です。例えば売買契約など他の契約類型では，契約の解除や損害賠償の話以外に，相手方に対し「罰を与える」という話は基本的に出てきません。にもかかわらず，労働契約においてはなぜ懲戒という罰を与えられるのでしょうか。それは，使用者（企業）は企業の秩序を維持する必要があるため，企業の秩序を乱した労働者に対し，労働契約上の根拠がある限りで懲戒という罰を科すことができる，と考えられるからです。ですから，就業規則等を通して労働契約で定めてあることが，懲戒処分を行う大前提となるわけですね。

6.1.2　懲戒処分の法規制

　懲戒処分に関する紛争の典型例は，労働者が処分に納得せず，使用者に対し懲戒処分の無効を主張するケースです。こうした紛争において，懲戒処分が適法とされるか否かのチェックポイントは以下（1）〜（4）の4つです。4つすべてが満たされなければ，懲戒処分は無効となります。次の設例を見ながら整理していきましょう。

【設例 6-1】 Y社が「兼業」について許可制としているのに，Xが無許可で仕事の後に飲食店でアルバイトをしていることが判明したため，就業規則の懲戒事由（無許可で兼業をしたこと）に当たるとして懲戒解雇処分が行われた。この処分は法的に許されるだろうか？

(1) 懲戒規定

第1に，懲戒処分を行うには，あらかじめ就業規則で懲戒の種別（種類）と事由（「事」柄の理「由」つまり理由のことです）を定めておく必要があります（フジ興産事件・最二小判平成15・10・10労判861号5頁（百選19））。

考えてみると，何をしたら（理由）どのような罰があるのか（種類）がルール化されていないと，安心して働けません。そこで，就業規則に懲戒規定を置くことで，懲戒の種類と理由をルール化しておくことが求められます。刑罰については，「罪刑法定主義」といって，何が罪でどのような刑罰を科すのか法律で定める必要があるとされていますが，懲戒処分は刑罰と似ているので，同じような考え方が採られているわけです。

なお，実際には多くの会社が就業規則に懲戒規定を置いています。したがって，懲戒規定がない，という理由で懲戒処分が無効とされる例はほとんどありません。

(2) 懲戒事由の存在

第2に，懲戒をするには，懲戒の理由（懲戒事由）が本当の意味で存在していることが必要です。就業規則に書かれた懲戒事由が存在しなければ，そもそも懲戒をする権利（懲戒権）を行使することができないわけですね（当然の話です）。

　ここでのポイントは，本当の意味で懲戒に値する理由があると言えるかであり，具体的には，懲戒事由の有無について就業規則の規定を「限定解釈」して判断することにあります。「限定」とは何かと言うと，形式的に懲戒事由が「ある」と言える場合でも，実質的に企業秩序を乱すと認められない場合には，そもそも懲戒事由は「ない」と解釈することを言います。使用者側に厳しめの解釈と言えますね。設例6-1でも，①毎晩遅くまでアルバイトをして，昼間，重大なミスや居眠りばかりしているようなら，企業秩序を乱していますから，懲戒事由はあると言えます。他方，②頼まれて知人の店で一度アルバイトをしたものの，翌日以降の仕事に一切影響はなかったというのなら，実質的には企業の秩序が乱れていませんから，もちろん無許可であったことは褒められたことではなく，形式的には懲戒事由に当たりますが，法的には懲戒事由は「ない」と考えます。言い換えれば，「本当に罰を与えてよいのか？」という視点から法的にチェックするということですね。限定解釈という手法により，形式的なルール違反を理由に懲戒処分が行われても，法的には無効とされることが多くなります。

(3) 権利濫用の有無（懲戒権濫用の有無）

　第3に，懲戒権の行使が権利の濫用に当たってはいけません。労契法15条が，⑦「客観的に合理的な理由を欠き」，⑦「社会通念上相当であると認められない」懲戒処分は権利の濫用で無効であると定めているからです。

　ただ，上記（2）のように，懲戒事由が存在すると言えるか，限定解釈という手法でしっかりと（厳しく）判断しています。したがって，懲戒においては，懲戒事由が存在すると言えれば，上記⑦の「合理的な理由」を欠くことはないと考えられます（「そもそも懲戒

の理由があるかどうか」と権利濫用の判断で「合理的な理由があるかど
うか」は理論的には別の話ですが，基本的には同じ結論になると考えて
よいでしょう）。

　そこで，権利濫用かどうかの判断で重要な意味を持つのが，上記
㋑です。一般に「相当であると認められる＝相当性がある」と表現
します（同じように，合理的な理由がある＝合理性がある，です）。一
言で言えば，処分が重すぎる場合，相当性を欠き，懲戒処分は懲戒
権の濫用で無効とされます。

　つまり，ここでの相当性とは，処分が重すぎないかどうかという
ことです。処分が重すぎれば相当性がなく，処分が重すぎなければ
相当性があります（「相当（性）」はわかりにくい概念なので，出てきた
ら具体的に言い換えられるかぜひチェックしてみてください）。

　処分が重すぎるかどうかを考えるときは，ⓐ労働者の行為そのも
の，ⓑ会社における前例，ⓒ（同時期の）他の労働者の例などと比
較して検討すればよいでしょう。設例6-1では，仮に懲戒事由に
該当したとしても，兼業というⓐ労働者の行為に照らすと，（例え
ば戒告のような軽い処分であればともかく，）よほどのことがなければ
懲戒解雇処分は重すぎる（権利濫用で無効）と言えそうです。

（4）適正な手続
　第4に，（1）でも述べたように懲戒処分は刑罰と似ているので，
手続面でも法的な適正さが求められます。まず，労働者に弁明の機
会を付与することが重要です。どんな犯罪者も裁判手続なしに（問
答無用で）刑罰を科されることはありませんが，それと同じです。
「懲戒委員会」が作られてそこで本人に弁明をさせる例や，社内の
事情聴取の際に本人から弁明を聴く例などが見られます。ほかにも，
罰を受けたら罪を償ったことになるので，同一の行為に対して繰り

返し懲戒処分を行ってはいけないという二重処罰の禁止（一事不再理の原則），後から禁止・処分する規定を作り，さかのぼって（遡及して）適用してはならないという遡及処罰の禁止が挙げられます。以上に反する懲戒処分は，公序違反（民法90条→ 1.2.4）などの理由で法的に無効です。

6.1.3   懲戒事由の典型例

懲戒事由の代表的なものとして，以下の⑦〜㋺が挙げられます。それぞれ，考え方のポイントとあわせて紹介します。

⑦業務命令違反：例えば配転命令（→ 5.3.1）に従わないことが挙げられます。一般には，業務命令が適法である場合，命令違反は懲戒事由に該当する（合理性もある）とされやすいので，あとは処分が重すぎるかどうか（相当性の有無）が問題となります。懲戒処分の適法性に先立ち，もともとの命令が適法か否か（命令が権利濫用ではないかなど）の判断がまず必要になりますね。

⑦職場規律（服務規律）違反：例えば，職場における政治活動を禁止する規定に違反して，ビラを配布することが挙げられます。規律（ルール）違反はもちろんよくないことですが，前述の「限定解釈」により，形式的にルール違反だったとしても，実質的に見れば職場の秩序を乱すおそれがないような場合は，懲戒事由があるとは認められない点に注意が必要です。

㋒私生活上の非行：例えば，プライベートで出かけた際，飲酒運転で事故を起こしたことが挙げられます。私生活のことだから会社とは一切関係ない，ということではなく，会社の社会的な評価に重大な悪影響があれば，私生活を理由とする懲戒処分も有効とされます。「非行」の内容が問題になりますね。

㈔内部告発：内部告発には，企業の不正等を明るみに出すという社会的に重要な意義があります。他方，企業の秘密を漏らすという面もあるため，懲戒処分の対象とされることもあります。ここでも，たとえ形式的に懲戒事由に該当すると言えても，告発の内容や目的などに照らして，実質的に見れば懲戒事由に該当しない（懲戒処分は無効である）という結論がありえます。また，公益通報者保護法という法律が，一定の要件を満たす内部告発について，内部告発を理由とする懲戒処分や解雇を無効と定めています（公益通報＝内部告発と考えてください）。

6.2　ハラスメント

6.2.1　職場のハラスメントの典型例

職場で起こるハラスメント（いじめ，嫌がらせ）には，パワーハラスメント（パワハラ）など様々なものがあります。典型的なものとして，以下の4つが挙げられます。

セクシャルハラスメント（セクハラ）	相手の意に反する不快な性的言動
マタニティハラスメント（マタハラ）	妊娠や出産（産休〔→ 10.2.2〕の取得や妊娠による労働能率の低下など）を理由とするハラスメント
育児介護ハラスメント（適切な略称があればいいのですが…）	育児や介護に関する制度の利用（休業の取得や短時間勤務〔→ 10.2.1〕）を理由とするハラスメント ※父親が育児をすることに対するパタニティハラスメント（パタハラ。なお，パタニティ＝父性）も含まれます。
パワーハラスメント（パワハラ）	職務上の地位・権限等を利用したいじめ・嫌がらせ ※上司から部下に対するものが典型的ですが，部下が結託することでパワーを持ち，上司をいじめるような場合も含まれます。

法的には大きく2点，①使用者に「防止措置」が義務付けられていること（→ 6.2.2），そして，②ハラスメントの加害者や使用者に，

被害者に対する賠償責任が生じること（→ 6.2.3）が重要です。特に②について，2.6.2でも簡単に触れましたが，使用者は職場のハラスメントに対し，加害者の責任であるとか，当事者同士の問題であるとして責任を逃れることはできないというのがポイントです。

6.2.2　ハラスメントの防止措置義務

6.2.1で挙げた典型的な4つのハラスメントについては，使用者（事業主）に，ⓐ周知・啓発（研修の実施など），ⓑ相談体制の整備（相談窓口の設置など），ⓒ発生した場合の迅速かつ適切な対応（事実確認，事後対応など），以上の3点が防止措置として義務付けられます。研修でハラスメントに関する正しい知識を労働者に持ってもらうとともに，相談対応や事後対応も行うということですね（関係する法律の規定は後で整理します）。

また，マタハラ，育児介護ハラスメントについては，上記のⓐ〜ⓒに加え，ⓓ業務体制の整備（周囲への業務の偏りを軽減するための業務分担の見直し，業務の点検及び効率化など）も防止措置として求められます。出産，育児や介護のために仕事を抜けることで，周囲の仕事の負担が増えると，ハラスメントが発生しやすい環境ができてしまうことを考慮しているわけですね。使用者は，職場に育児等で仕事を抜ける人がいる場合，残ったメンバーに「頑張れ」と言うだけでは十分ではないということです。

なお，パワハラは，近年，労働相談の数もとても多く（厚生労働省が毎年公表する「個別労働紛争解決制度の施行状況」では，いじめ・嫌がらせに関する相談件数が全項目の中で一番多くなっています），様々な事案が報道されるなど，とても深刻な状況になっています。それにもかかわらず法整備が遅れており，「働き方改革」において有識

者会議や審議会（→【参考1】）で検討が行われ，2019年の法改正で
防止措置の義務付けが決まったという状況です（労働施策総合推進法
30条の2〔2020（令和2）年6月1日施行予定〕。なお，中小企業はすぐ
に対応するのが難しい場合もあるので，2022年4月1日までは防止措置
の実施が努力義務（→【参考2】も参照）にとどめられます）。

　以上の防止措置を行わなかった場合（つまり措置義務違反の場合），
刑事罰はありませんが，使用者に対し行政による様々な働きかけが
なされます。具体的には，労働局（→2.2.3）が労働局長の名前で
使用者に報告を求めたり，助言・指導・勧告を行ったりすることが
できます（助言が一番ソフトで，順に強めになります。また，勧告に従
わない場合は，企業名の公表もありえます）。

　防止措置の義務付け，行政による働きかけは，それぞれ以下の規
定で定められています（また，防止措置の内容については，それぞれ
行政の指針によって具体的に定められる形になっています）。

セクシャルハラスメント （セクハラ）	防止措置：均等法11条 働きかけ：均等法29条以下など
マタニティハラスメント （マタハラ）	防止措置：均等法11条の3（2019年の改正前は11条の2） 働きかけ：均等法29条以下など
育児介護ハラスメント	防止措置：育介法25条 働きかけ：育介法56条以下など
パワーハラスメント （パワハラ）	防止措置：労働施策総合推進法30条の2 働きかけ：労働施策総合推進法33条以下など

【参考1　労働関係の立法・法改正——労働政策審議会の役割】————
　労働関係の立法や法改正は，労働政策審議会（労政審）の議論を経
て行われるという特徴があります。労政審は，公労使の三者で構成
されており，公益の代表（研究者や弁護士），労働者の代表（全国レベ
ルや産業レベルの労働組合の役員等），使用者の代表（経営者や経営者団
体の関係者等）がそれぞれ同じ人数，任命されています。この三者構
成という仕組みは，国際労働機関（ILO）の条約等でも定められてお
り，世界的にも採用されています（労働に関するルールは，まさに当事

者である労使が参加して決めることが重要であるということです）。

　労政審には，労働条件分科会，雇用環境・均等分科会など，テーマごとにいくつかの分科会や部会が置かれています。立法や法改正に関して，厚生労働大臣からの「諮問」に答えたり（「答申」），提案（「建議」）を行ったりするなど，なくてはならない役割を果たしています。労働法が労働者のため，使用者のため，そして社会のための存在（→ 1.1.2）であるために，この公労使の仕組みはとても重要であると言えるでしょう。

【参考2　努力義務】

　法律の規定には，「○○するように努めるものとする」といった形で，「**努力義務**」を設定するものがあります。努力すればいいので，結果として○○が実現できなかったとしても，それだけで違法とされることはありません。こうした努力義務は，よりソフトな形で，取り組みの進展を促す効果が期待できます。また，法律に書かれることで，行政が使用者に努力を求めることもできるようになります（詳しくは行政法の教科書に譲りますが，法律の根拠が何もなければ，行政は使用者に努力を求めることさえできないわけです）。一見，意味があるの？　と思うかもしれませんが，努力義務にも重要な意味があるというわけですね。

6.2.3　被害者に対する損害賠償責任

　ハラスメントが行われれば，被害者には心身へのダメージといった損害が発生します。その損害を賠償する責任は，加害者はもちろんですが，使用者にも発生します。なお，防止措置の対象とされる典型的なハラスメントにあてはまらないような言動（職場における

何らかの嫌がらせやトラブル）についても，以下の賠償責任が発生することがあります。

　まず加害者には，ハラスメントが被害者の「人格的利益」などを侵害する不法行為に当たるとして，不法行為責任が生じます（民法709条）。また，賠償責任とは別に，社内で懲戒処分の対象となることも多いでしょうし，ハラスメントが暴行罪など犯罪に当たる場合は刑事責任も生じます。

　次に，使用者も責任を負うということが大きなポイントです。法的根拠（法律構成）に注意する必要があります。まず，不法行為責任の一種である使用者責任があります（民法715条）。使用者は，労働者が「事業の執行について第三者に加えた損害を賠償する責任」を負います。ここでは被害者が「第三者」に当たります。要は，加害者の雇い主としての責任ですね。もう1つは債務不履行責任です（民法415条）。使用者は，労働者と労働契約を締結している以上，信義則を根拠として，労働者の職場の環境に配慮する義務（職場環境配慮義務）を負いますし，安全や健康に配慮する安全配慮義務も負っています（労契法3条4項，同5条→ 2.6.2）。こうした配慮義務を使用者が果たしていなかったため，ハラスメントによって被害者に損害が生じた，つまり，義務（債務）の不履行があったと考えるわけです。

6.2.4　ハラスメントと労災

　ハラスメントが原因でうつ病などの精神疾患を発症し，休業や自殺等に至る例も少なくありません。詳しくは13.2で紹介していますが，その場合は，仕事を原因とする災害（労働災害）として使用者に補償する義務（労災補償義務）が生じます（実際には，労災保険

制度によって基本的な部分はカバーされます）。ただ，労災保険でカバーされない部分については，使用者に対する損害賠償請求が可能です（法的な根拠は 6.2.3 を参照）。

6.2.5　パワハラと注意・指導の境界線

　職場のハラスメントの中でも，パワハラについては「わかりにくい」という面があり，企業も対応に困る場面が少なくないようです。例えばセクハラであれば，性的な言動はそもそも職場（仕事）に必要ありませんので，まだわかりやすい面があります。しかしパワハラは，上司から部下に対する「指導」や「注意」など，職場で当然に行われていることが，あるときは（違法な）パワハラとされることがあるため，その意味では確かにわかりにくいと言えるでしょう。

　パワハラか否かの境界線（線引き）はなかなか難しく，特に，いわゆるグレーゾーンについての線引きはとても困難です。ただ，法的には，注意や指導と言いつつも，それが相手の人格の否定や人格への攻撃になっている場合は，社会通念（社会常識）に照らして，許容される範囲を超えると考えてください。例えば，仕事でミスをした部下に対して，ミスの原因の究明や再発防止策について，多少厳しい口調で注意しても直ちにパワハラとは言えないでしょう。しかし，「（こんなミスをする）お前はダメだ」「お前がいるから悪いんだ」などと，部下の人格否定や人格攻撃になってしまうと，もはや注意や指導という言葉でごまかすことはできず，違法なパワハラであるとされます。パワハラに関するキーワードは「人格」であり，人格を損なわない指導方法を探究していくことが，パワハラ対策として重要であると言えるでしょう（人格が重要であることは，もちろん他のハラスメントも共通です）。

第7章　労働関係の終了

〈本章のポイント〉　本章では，辞職（自己都合退職）や解雇，定年退職といった，労働関係が終了する様々な場面について学びます。特に重要なのは，使用者が労働契約を一方的に終了させる「解雇」です。労働者にとっては雇用が失われるかどうかという重大な場面なので，紛争も多いです。解雇に対する法規制の内容を中心に，しっかり見ていきましょう。

7.1　労働契約の終了事由
（労働契約が終了する場面）

7.1.1　労働契約の終了事由の概観

労働契約が終了する場面として，法的に重要なものは次の5つです。本章では①〜④を取り上げ，⑤は非正規雇用（有期雇用）と深く関係するため第12章で取り上げます。

①辞職　②合意解約　③解雇　④定年　⑤期間満了

7.1.2　辞　職

辞職とは，「私，辞めます」というふうに，労働者が一方的な意思で労働契約を解約することです。辞めたいのに会社が辞めさせて

くれないといったトラブルも生じており，厚生労働省が毎年公表する「個別労働紛争解決制度の施行状況」では，労働相談で1番多いのが「いじめ・嫌がらせ」（→ 6.2.2），2番目が「自己都合退職」に関する相談です（2018（平成30）年度）。他方，法的なルールはとてもシンプルで，実は労働者の「辞める自由（辞職の自由）」は尊重されています。法規制は労働基準法など労働関係の法律には見当たらず，一般的なルールである民法にあります。労働契約に3か月，1年といった期間が有るか無いか（有期か無期か）で規制が異なります（さしあたり，無期契約は正社員，有期契約は非正社員とイメージしてください→詳細は 12.1）。

　労働契約が無期の場合，民法627条1項により，辞める意思を表明後（例えば辞表の提出後），2週間経つと労働契約が終了するとされています。自分の意向で今日すぐに辞める，というのは認められず，2週間前の予告が必要ということですね。

　もう一言付け加えると，就業規則等で「辞職の場合には1か月前までに届け出る」など，2週間を超える予告期間を定めることは可能でしょうか。実は最高裁の判例も見当たらず，学説も分かれており，悩ましい問題です。ただ，現時点では，民法627条はそれに反する契約を許さない「強行規定」であり（→ 2.1），2週間を超える予告期間は無効であるという立場が有力です（つまり，就業規則の規定にかかわらず，2週間前に申し出ればよいということです）。実務では，労働者が2週間での退職を強く望んでいる場合はそれを認めるべきと言えそうですね。

　これに対し，労働契約が有期の場合，民法628条により，「やむを得ない事由（理由）」が必要とされています。期間を約束している以上，その期間は働き続けるのが原則です。ただ例外として，どうしても必要がある場合には，即座に契約を解除する（つまり辞め

る）ことが可能です（やむを得ず辞めるという話なので，2週間といっ
た予告期間の設定はありません。下記の民法628条の下線部①を参照）。

> **民法628条**　当事者が雇用の期間を定めた場合であっても，やむを
> 得ない事由があるときは，各当事者は，①直ちに契約の解除をするこ
> とができる。この場合において，②その事由が当事者の一方の過失に
> よって生じたものであるときは，相手方に対して損害賠償の責任を負
> う。

　考えてみると，本人の辞める意思が固いのに，働き続けることを
法的に強制することは難しいでしょう。この点，民法628条の下線
部②は，辞職の理由が労働者側の過失（落ち度）で生じた場合は，
使用者が労働者に損害賠償を請求できる，と読めます。確かに理屈
はその通りなのですが，実際に賠償請求が認められることはまずあ
りませんので，注意が必要です。わざと会社にダメージを与えてや
ろうと企んで，仲間を募って辞めた，といった悪質な場合であれば
ともかく，何かきちんとした理由があって辞めるのであれば，労働
者に賠償責任が生じることはないと思ってください。もちろん，期
間途中の辞職が褒められたことという意味ではありませんが，会社
としてはそうした可能性も予期しておくべきということです。
　まとめると，労働契約が無期でも有期でも，労働者の辞職のリス
クは，労働者のおかげで利益を得ている使用者側が負うべきという
ことですね。

7.1.3　合意解約（退職勧奨）

　合意解約とは，その名の通り，労働契約の解約につき合意が成立
するということです。典型例は「君に辞めてほしい」という会社の

退職勧奨に労働者が応じた場合なので，退職勧奨の場合に絞って説明します。

　退職勧奨は，原則として違法ではありません。労働契約も「契約」である以上，「そろそろ終わりにしたい」と言い出すこと自体が違法となるわけではないのです。ですから，「リストラ」の手段として用いられることも少なくないでしょう（いわゆる「肩たたき」）。

　しかし，退職勧奨のやり方があまりに度を超えている場合は，話が別です。例えば，怒鳴りつけるなど暴言によって行ったり，口調は丁寧でも執拗に退職を迫ったりした場合には，対象者の人格に対する過度の攻撃として，会社に法的責任が生じる場合があります。

　具体的には，そのような退職勧奨行為が不法行為（民法 709 条）に当たるとして，損害賠償（慰謝料など）の支払いが必要になることがあります。また，労働者の退職の意思は真意ではなかった（民法 95 条の錯誤に当たる），会社に強要されたものであった（民法 96 条の強迫に当たる）などとして，退職が法的に取消し等の対象となる可能性もあります。

　判例にも，教員に対する退職勧奨が回数にして 10 回を超え，長いと 2 時間に及ぶなどあまりに執拗なもので不法行為に当たるとして，学校側（市の教育委員会）の賠償責任を認めたものがあります（下関商業高校事件・最一小判昭和 55・7・10 労判 345 号 20 頁（百選 68））。使用者は，この原則と例外をよく確認し，無理な退職勧奨は慎むようにするべきと言えますね。

7.1.4　解　雇

　解雇とは，要は社員をクビにすることですが，法的には使用者が一方的な意思で労働契約を解約することです。一方的な解約という

点では辞職と同じです（言い出すのが労使のどちらかで区別されます）。法規制も辞職と同じく，労働契約が有期か無期かで異なります。まずは無期契約の解雇（イメージとしては正社員の解雇）について，紛争も多く重要なところですので，7.2 で詳しく見ていきます（→有期契約の解雇については 12.2.1）。

7.1.5　　定　年

定年（定年退職）は，その年齢になると自動的に労働契約が終了するという制度で，定年を定めることは法的に構わない（有効である）とされています。なお，定年は期間の定めとは考えませんので，注意してください（20 歳で入社し定年が 60 歳でも，「40 年契約」ではありません）。7.3 で具体的に取り上げます。

7.1.6　　期間満了（雇止め）

期間満了は，有期契約の期間満了時に更新がなされないことによる終了で，使用者側による更新拒否を特に「雇止め」と呼んでいます。解雇と似ているものの，同じではない（似て非なるもの）というのがポイントです。非正規雇用の重要なテーマとして，12.2.2 で取り上げます。

7.2　解　雇

7.2.1　解雇規制の全体像

　解雇は，労働者にとって働く場所がなくなるという重大な局面なので，法規制が山ほどあります。大きく整理すると，「手続・時期」に関する規制と，「理由」に関する規制に分けられますので，順に見ていきます。

7.2.2　解雇の手続・時期に関する規制

（1）解雇予告
　まず，比較的有名な規制として，解雇予告義務があります（労基法20条）。使用者は解雇の30日以上前に労働者に予告することが義務付けられます。労働者が辞職する場合は2週間前の予告でよいのですが（→7.1.2），使用者が一方的に行う解雇によるダメージをやわらげるため，予告期間が長くなっているわけですね。
　また，とても悪いことをした場合など，労働者に相当重大な責任が認められる時は，例外的に予告が不要です（労基法20条1項ただし書。そのような場合にまで，予告して待っていなければならないというのも変ですよね）。ただし，解雇には複数の法規制がありますから，予告義務を守っただけで，その解雇が有効とされるわけではありません。その点も注意してください。
　なお，解雇予告手当と言って，労基法12条で計算方法が定められている平均賃金（ボーナスを除く直前3か月間の賃金総額を平均した1日分）を支払った日数分だけ，予告期間を短縮することができます。

例えば，15 日分を手当として払えば，予告は 15 日前で OK です。ということは，30 日分を手当として払えば，予告は 0 日，つまり，「今日，解雇します」と言っても予告義務との関係では問題ないということになるわけです。要は，手当と予告を足して 30 日分であればいいわけですね（いわば「足して 30 日」ルール）。これは，労基法が，解雇時には賃金 30 日分ぐらいのお金が（転職その他の費用として）必要だと考えているからです。予告があれば，労働者側が節約するなどして解雇に備えることができます。予告しないのであれば，その分をお金で渡しなさい，ということですね。

(2) 解雇の時期的制限

　次に，特別に解雇が制限される時期があります（労基法 19 条 1 項）。仕事が原因でケガや病気になって療養するために休んでいる期間と，産休（労基法 65 条）の期間について，「休業期間＋その後 30 日間」は解雇が原則禁止です（解雇が無効とされます）。こうした期間に解雇することはあまりにひどすぎるからです（おちおち休んでいられませんよね）。

　ただし，療養（休業）が続く限り何十年も解雇できないわけではなく，一定期間の経過＋補償の支払いなどで，例外的にこの解雇制限が解除されるという仕組みがあります（労基法 19 条 1 項ただし書など。なお，後述する解雇権濫用法理〔労契法 16 条〕の規制もありますので，労基法 19 条の解雇制限が解除されたからといって，その解雇が必ず有効であるとは限りません）。

　最近は，精神疾患の事案で，労働者が労基法 19 条の適用を主張する例が増えています（東芝（うつ病・解雇）事件・東京高判平成23・2・23 労判 1022 号 5 頁等）。精神疾患は，例えば工場で機械に挟まれるといったケガに比べ，原因がわかりにくい面がありますので，

安易に「業務外」であって「19条は関係ない」と考えないように
注意するべきでしょう。

7.2.3　解雇の理由に関する規制

　解雇の理由に関する規制は，大きく「ピンポイント」の規制と
「一般的」な規制に分けて考えることができます。例えば，女性労
働者の妊娠や出産を理由とする解雇を野放しにしていては，均等法
の存在する意味がありません。そこで，労基法にも労契法にも任せ
ずに，均等法自身が，9条で妊娠等を理由とする差別的な解雇を禁
止しています。このような，いわばピンポイントの解雇規制がかな
りたくさん存在します。整理すると，①「差別」的な解雇として，
上記の均等法のほか，労働組合への所属（労組法7条）など，②労
働者への「報復」的な解雇として，育児休業や介護休業の取得（育
介法10条，16条），労基法違反の通報（労基法104条）などを理由と
する解雇がいずれも禁止されています。

　ただし，これらの規制はあくまでピンポイントのものです。より
一般的な，能力不足や問題行動等を理由とする解雇については，解
雇権濫用法理（労契法16条）という規制があります。もとは判例法
理で（代表例に，アナウンサーが寝坊で放送事故を起こしたことを理由
とする解雇を無効とした高知放送事件・最二小判昭和52・1・31労判
268号17頁（百選71）），そのルールが労契法16条に立法化されたも
のです。

　なお，1970年代に解雇権濫用法理が確立するまでは，前述した
ピンポイントの規制を除くと，解雇を一般的に規制するルールは明
確には存在していませんでした。しかし，かつては社会保障も十分
ではなく，解雇は本人や家族のまさに生存を脅かすものでした（特

に戦後まもなくの時期などはそうですよね）。また，日本的雇用システ
ム（→ 1.1.4）のもとでは，長期雇用ではなく転職が当たり前とい
う社会に比べて，解雇による打撃が大きくなる傾向もありました。
こうした状況を受けて，判例法理として確立したのが解雇権濫用法
理です。

7.2.4　解雇権濫用法理（労働契約法16条）

> 【設例7-1】　Xは，大学卒業後Y社に入社し，営業部に配属されて
> 3年目だが，営業成績は常に最下位である。上司は「もっと頑張れ」
> とアドバイスする程度で，ほかに指導や研修は特に行われていない。
> Y社は，他部署へ異動させて営業以外の適性を見るといったことを行
> わないまま，就業規則所定の解雇事由「勤務成績・態度が不良で改善
> の見込みがないとき」にあたるとしてXを解雇した。Xはこの解雇に
> 納得がいかず，訴訟を考えている。この解雇は法的に有効だろうか？

　それでは，解雇権濫用法理（16条）の内容を具体的に見ていきま
しょう。条文は次のようになっています。

> 労契法16条　**解雇は，**＠客観的に合理的な理由を欠き，ⓑ社会通念
> 上相当であると認められない**場合は，その権利を濫用したものとして，
> 無効とする。**

　下線部＠を「合理性」の有無，下線部ⓑを「相当性」の有無と短
く言い換えると，解雇は合理性と相当性の2つの要件を両方とも満
たしていないと，解雇権の濫用で無効，とまとめられます。
　＠合理性とは，条文の言葉通り，解雇にはきちんとした理由があ
るのか，という視点です（きちんとした理由あり＝合理性あり，とい
うことです）。具体的には，労働者に能力や適格性（仕事に対応する

力）がない，問題行動（ルール違反等）があった，といった事情が
あれば，解雇に合理性があるとされます。なお，会社の経営上の都
合を理由に行われる解雇については，7.2.5 で取り上げます。

　ⓑ相当性は，ⓐに比べるとわかりにくい概念なので，要注意です。
これは，解雇は（その労働者にとって）厳しすぎるのではないか，と
いう視点です（厳しすぎると言える＝相当性なし，ということです）。
判例では，相当性はなかなか認められない傾向にあり（認められな
ければ解雇は無効とされるわけですね），日本の解雇規制の厳しさを
特徴付ける 1 つのポイントとなっています。簡単に言うと，労働者
の問題行動に対しては注意や指導を，能力不足に対しては研修や他
の業務の適性を試すための配転を，というように，使用者側が改善
のための努力を行ったにもかかわらず，どうしても労働者に改善可
能性がない，と言えなければ，相当性を否定するというのが判例の
傾向です。条文にはまったく出てこないのですが，キーワードは
「改善可能性」なので，覚えておいてください。

　設例 7-1 も，指導や研修，配転といった改善のための試みがま
るで行われておらず，到底，解雇に相当性があるとは言えません。
したがって，解雇は無効であると判断されることになるでしょう。

　なお，判例の考え方の背景には日本的雇用システム（→ 1.1.4）
があります。前にも少し触れたように，長期雇用が中心の社会では
中途採用が活発ではなく，解雇による労働者への打撃が非常に大き
いという特徴があります。そのため，仮に解雇に合理性があったと
しても，労働者に改善の見込みがないと言えなければ，相当性を否
定し解雇を無効とする，という判断がなされるわけですね。このた
め，長期雇用を最初から前提としていない場合，例えば，中途採用
で高いポスト（職位）に高い能力を前提に採用されたにもかかわら
ず，実は能力などに問題があったという場合は，解雇の相当性が認

められやすいと言えます（フォード自動車事件・東京高判昭和 59・3・30 労判 437 号 41 頁）。考え方の基本や歴史的経緯をおさえておくと，実務的な判断にも活かせる場合がありますね。

　以上の合理性と相当性がなければ解雇は無効ですが，解雇の際，例えば行政が濫用か否かをチェックする，ということはありません。たとえ濫用的な解雇であっても，労働者が争わなければ，特に紛争が生じるわけではないのです。あくまで，労働者が解雇に異議を唱え，訴訟等で解雇権濫用を主張した場合に，合理性と相当性が認められなければ解雇は無効になる，という話です（もちろん，使用者は解雇の前に合理性・相当性の有無を検討することが重要でしょう）。

7.2.5　整理解雇（整理解雇法理）

（1）基本的な考え方

　「整理解雇」とは，使用者が不況や経営難等で人員削減の必要に迫られて行う解雇のことです。人員削減は人員整理とも呼ばれるので，その「整理」の 2 文字をとって整理解雇です。なお，前述した能力不足や問題行動など労働者側の事情を直接の理由とした解雇を，整理解雇に対し「普通解雇」と呼んでいます（→ 7.2.4。【参考】も参照）。

　整理解雇も解雇に違いはありませんので，解雇権濫用（労契法 16条）に当たれば無効です。考え方のポイントは，整理解雇は労働者側の事情を直接の理由としたものではないので，その効力がより厳しくチェックされるという点です。具体的には，濫用か否かの判断を「合理性」・「相当性」の 2 つではなく，「整理解雇の 4 要件（4 要素）」と呼ばれる 4 つの判断要素を用いて行います（園児の減少に伴う保母〔保育士〕の整理解雇を無効としたあさひ保育園事件・最一小判

昭和58・10・27労判427号63頁等)。この判例法理のことを整理解雇法理と呼んでいます。

　なお，4「要件」と4「要素」，どちらの表記も見かけます。この4つは，理論的には整理解雇が濫用的か否かを判断する判断要素なので，その意味では4要素です。しかし，4つのうち1つでも満たしていなければ，これまで例外なく整理解雇は無効と判断されています。3つは満たしていて1つは満たしていないという場合に「それでも総合評価で整理解雇は有効」とした例はありません。つまり実務的には，整理解雇が有効と判断されるための4要件なのです（呼び方でルールの内容が変わってくるわけではありません)。実務的な観点もふまえて，本書では要件と呼びます。

【参考　懲戒解雇と普通解雇】──────────────────

　例えば労働者がルール違反を行った場合，（普通）解雇事由だけでなく，懲戒事由にもあてはまる可能性があります。この場合，使用者は懲戒解雇と普通解雇のどちらを選んでも構いません（どちらかを優先しなければならないというルールはありません)。当然ですが，選んだ方の法規制を受けますので，懲戒解雇であれば，基本的に懲戒の法規制（→6.1.2）を受けることになります。実務では，懲戒解雇となると，その労働者が悪いことをしたということが後々までわかることになるため，いわば温情として，懲戒解雇ではなく普通解雇を選択する例も見られるようです。

──────────────────────────────────

(2) 整理解雇の4要件の内容

　整理解雇の4要件は次の通りです。①→②→③が論理的につながっていて，④だけ少し異なる視点に立っています。

①	人員削減の必要性
②	解雇の必要性（**解雇回避努力**）
③	人選の合理性
④	手続の妥当性

①人員削減の必要性とは，そもそも，その会社において人を減らす必要はあるのか？　という視点です。これは経営判断が尊重される傾向にあり，例えば赤字が複数年続いているといった事情があれば，この要件を満たすと判断されるのが一般的です。他方，利益を上げているのに，利益をさらに増やすために整理解雇によって人員を減らす場合は，人員削減の必要性なし（満たさない）と判断される傾向にあります。

②解雇の必要性とは，①があったとしても，解雇という手段で人を減らす必要はあるのか？　という視点です。ここでは，解雇以外の手段，例えば配転や出向，新規採用の停止（定年退職による自然減），一時休業，希望退職の募集などによって人員（人件費）を削減しようと努力したか，つまり解雇回避努力を尽くしたのかが問われます。判例では，辞めるにしても解雇よりは「まし」という意味で，希望退職の募集を行ったかどうかが重視される傾向にあります。ただ，企業の規模や状況によってできることは異なりますので，真摯にできることを尽くしたかどうか，まさに「努力」の有無が問われると考えてください。

③人選の合理性とは，①と②を前提に，解雇対象者が合理的な基準に基づき選ばれたのか？　という視点です。たとえ②で解雇による削減が必要とされたとしても，使用者が恣意的に（適当に）選ぶのはダメだ，ということですね。ただ，何が合理的と言えるのか，実は難しい面があります。例えば「勤務成績が高い順」という基準

は，一見，不合理に決まっているようですが，勤務成績が抜群であれば再就職しやすい（＝その労働者が受けるダメージは相対的に小さい）とも言えそうです。意外と合理的な面もあるわけですね。そこで判例では，客観性が高ければ，合理的と認められやすい傾向があります。例えば，勤務成績，勤続年数，生活上の打撃（扶養家族の有無）などを組み合わせた基準であれば，合理性が肯定されやすいでしょう。他方，「協調性」や「責任感」といった抽象的な基準は，まさに恣意的な選定を許すもので，合理性を否定される可能性が高いです。

　④手続の妥当性は，①〜③とは少し違う話で，整理解雇について，労働者側の納得を得られるように，話し合いを誠実に行ったか？という視点です。話し合いの回数や，情報開示の内容が十分かどうかなどが問われます。なお，会社に労働組合がある場合，その組合と話をすることはもちろん重要ですが，組合員・非組合員を問わず，解雇対象となりうる労働者について丁寧に説明することが重要です。「組合と話してそれで終わり」ではありませんので，その点は注意が必要です。

　以上の4つのうち1つでも満たさないものがあれば，その整理解雇は解雇権濫用で無効です（なお，①②が労契法16条の合理性，③④が相当性に対応するといった関係は特になく，①〜④すべてを用いて濫用か否かを判定するというイメージです）。裁判所の判断のポイントを一言で言えば，安易な整理解雇は認められないということです。確かに，企業の経営上，人員の削減が必要な場合もあるでしょう。しかし，それを「解雇（クビ切り）」という方法でやることについては，よほど慎重でなければならないということですね。

7.2.6   解雇紛争の解決

　解雇に納得がいかない労働者は，会社に対し「労働契約上の権利を有する地位にあることの確認請求（地位確認請求）」と「解雇期間中の未払賃金請求」を提起するのが一般的です。裁判で，解雇が無効であって自分と会社の関係が切れていないことを認めてもらうわけです。言うまでもないことですが，就業規則に書かれた解雇理由に該当するだけで解雇が有効とされるわけではなく，解雇権濫用か否かなどが法的に問われることになります。

　解雇が無効であることは，解約がなかったことになるわけですから，労働契約関係の継続を意味します。ただ，訴訟で解雇無効という結論となっても，使用者が和解金（解決金）を支払い，労働者が円満に退職するものとする，という内容の話し合い（和解）がまとまり，金銭的な解決がなされる例も多いです。訴訟を行った労働者が復職するのは，実際には難しい面があるということでしょう。

　なお，訴訟で解雇「無効」の判決が出た場合，労働契約は（使用者から解雇と言われた後も）ずっと継続していたことになります。もちろん，解雇後に会社へ行っても，「君はもううちの社員じゃない」と言われ，働くことはできないでしょう。しかし，その人が働けなかったのは，無効な解雇を行った使用者に責任があります。そこで，会社は解雇期間中の賃金を支払わなければなりません。民法には，債権者に「責に帰すべき事由（帰責事由）」があって債務者が債務を履行できなかった場合のルールがあるからです（民法536条2項）。働くこと，つまり「労働という債務」を履行できなかったということで，債権者に使用者，債務者に労働者をあてはめると，「使用者に帰責事由があって労働できなかった場合，使用者は賃金全額を支払う必要がある」という結論になります（→ 8.4 も参照）。

裁判や和解を考える際は，こうした賃金の問題も考慮する必要があるでしょう。

7.3 定年制・高年齢者雇用確保措置

7.3.1 定年（定年制）

定年（定年制）とは，定年年齢に到達した時に労働契約が終了するという定めです。細かく言えば合意解約の一種です。高齢者の雇用に関する基本ルールである高年法（高年齢者等の雇用の安定等に関する法律）では，定年制を行う場合，定年年齢は60歳以上としなければならないとされています（高年法8条）。つまり，55歳定年や50歳定年は違法です。また，そもそも定年制を置かなければならないというルールはありませんので，定年制がない会社もあります。

7.3.2 高年齢者雇用確保措置

定年が60歳とすると，「年金」はいつからもらえるのでしょうか？ 詳しくは社会保障法の教科書等を見てほしいのですが，年金の支給開始年齢は65歳です（当面は，年金制度改正の経過措置によって，もう少し早く受給を開始することができます）。よって，60歳で定年後，65歳までは収入がない，という事態もありえます。そのような空白期間をなくし，雇用と年金を切れ目なく接続するなどの目的で，高年法は65歳までの高年齢者雇用確保措置を使用者に義務付けています（高年法9条）。ⓐ定年後65歳までの継続雇用制度の導入，ⓑ定年制の廃止，ⓒ定年年齢の65歳への引き上げのいずれ

かを行う義務ですが，約 8 割の会社が@の継続雇用制度を導入しています（毎年出される厚生労働省「『高年齢者の雇用状況』集計結果」）。

7.3.3 継続雇用制度

継続雇用制度は，定年後再雇用制度と呼んだ方がイメージしやすいと思います。定年でそれまでの労働契約は終了し，継続雇用としての労働契約を新たに締結する形になります（期間 1 年の有期契約を締結して更新するといった例が見られます）。形式的には別の契約ですから，仕事内容や賃金などの労働条件も再設定することになります。

定年退職者が継続雇用を希望する場合，例えばそれまでの勤務成績などの基準を設定して，基準に満たないことを理由に継続雇用の対象外とすることは基本的にできません（なお，2012（平成24）年に高年法が改正されるまでは，基準を用いて対象外とするという扱いが一部可能でした）。

また，使用者には定年退職者の希望通りの労働条件を用意する義務はなく，提示する労働条件の内容については使用者に裁量が認められます（九州惣菜事件・福岡高判平成 29・9・7 労判 1167 号 49 頁〔最高裁が実質的な判断をせずに上告を棄却・不受理としたため最一小決平成 30・3・1 労経速 2347 号 11 頁で確定〕）。例えば，能力や成績等に応じて，異なる労働条件を提示することも可能です。また，労働者が「そのような条件なら継続雇用を希望しないことにする」と言った場合は，継続雇用の機会を提供した以上，高年法違反とは扱われないことになっています。逆に，労働者が使用者の提示した労働条件を受け入れる限り，65 歳まで働き続けることができますから，雇用と年金の接続が実現するわけですね。

　なお，きわめて不合理な提示，つまり，労働者側が受け入れ難い
ような仕事内容や賃金額を提示することは，高年法の趣旨に反し不
法行為に当たると判断されることがあります（前掲九州惣菜事件等）。
裁量があっても，限度がある，ということですね。

　また，継続雇用の有期契約の労働者と，定年前の無期契約の労働
者では，労働条件が異なることが一般的だと思われますが，こうし
た場合にも有期労働者と無期労働者で労働条件の不合理な相違を禁
止するパート・有期法8条（労契法20条）の対象となりますので，
注意が必要です（→ 12.2.4，12.4.2）。

第8章 賃 金

〈本章のポイント〉 賃金は労働時間と並ぶ重要な労働条件の1つ
です。会社からの金銭が法的に「賃金」と言えれば，労働基準法
や最低賃金法で手厚く保護されます。以下では，賃金とは何か，
なぜ使用者は支払わなければならないのかを確認し，賞与や退職
金について生じる法律問題，そして賃金に対する保護の内容につ
いて順に見ていきましょう。

8.1 賃金の基本ルール

8.1.1 賃金の概念（賃金とは何か）

　賃金は，労基法で定義されています。①労働の対償として，②使
用者が労働者に支払うすべてのものが賃金です（**労基法11条**）。

　①の「対償」とは，労働をする代わりに，という意味です。毎月
の基本給や諸手当はもちろん，退職金やボーナス（賞与）も，制度
化されていればすべて賃金です。「制度化」とは，支給条件が労働
契約（就業規則や個別の契約書など）で定められていて，一定の支給
条件を満たした場合に使用者に支払義務があることを意味します。

　また，②の「使用者が」という点については，例えば飲食店など
における「チップ」は，労働者が受ける経済的な利益であっても，
使用者が支払うものではないので，賃金ではありません。労基法上
の賃金の定義に当たるか否かで，後で見る様々な保護の対象になる

か否かが変わってきます。

8.1.2 賃金支払義務の根拠

　少し抽象的な話になりますが，使用者が労働者に賃金を支払う義務（賃金支払義務）の法的根拠は，支給する旨の就業規則の規定など，労働契約の定めにあります。もちろん，通常は，「労働契約とは，『働いたら賃金を支払う』『働かなかったら支払わない』契約である」と解釈することになるでしょう（「労働」契約である以上，当然と言えそうです）。後の『　』にある，働かなかったら（no work）支払わない（no pay）という部分を，ノーワーク・ノーペイの原則と呼ぶこともあります。民法624条が「労働者は，その約した労働を終わった後でなければ，報酬を請求することができない」と定めていることも，ノーワーク・ノーペイの原則を基礎付けると言ってよいでしょう。

　ただし，ノーワーク・ノーペイの原則は絶対的なものではなく，例外もあるということに注意が必要です。例えば，「休職中（→ 5.4）も賃金を支払う」と定めれば，その定めの方が優先されます。先に挙げた民法624条は任意規定（→ 2.1）なので，当事者の定めが優先されるのです。こうして見てくると，賃金支払義務（労働者からすれば賃金請求権）の法的根拠は，実は「働いたことそのもの」ではなく，あくまで労働契約の定めにあるということがわかりますね。

8.1.3 賃金の分類

　賃金には様々な決め方があります。パートやアルバイトなど非正社員であれば時給（時間給）制が一般的でしょうし，正社員であれ

ば月給制が多いでしょう。月給制に注目すると，毎月の賃金は「月例賃金」と呼ばれます。会社によって様々な決め方がなされていますが，一般には次の計算式で表すことができます。

月例賃金 ＝ 所定内賃金（＝ 基本給 ＋ 諸手当）＋ 所定外賃金

所定内賃金とは，定まる所の内側の賃金で，基本的に一定です。基本給に加え，諸手当には住宅手当や家族手当など，会社によって様々なものがあります。所定外賃金とは，残業代（法的には時間外労働に対する割増賃金（→ 9.3.3））などで，毎月働いた分だけ支払われるので，所定「外」というわけです。

月例賃金以外の賃金は，ボーナス（以下，賞与と呼びます）と退職金が代表例です。これらは月例賃金以上に，会社ごとに様々な制度があります。したがって，その会社の就業規則の解釈という要素が大きくなります（賞与規程や退職金規程などと就業規則本体とは別立てで定められていることも多いです。なお，これらも法的には就業規則に当たります（→ 2.4.1））。以下では一般的な賞与，退職金について紹介していきます。

8.2　賞与・退職金

8.2.1　賞　与

賞与については，制度設計において，使用者の裁量が広く認められているという特徴があります。月例賃金と賞与を比べると，月例賃金の方が労働者の生活により直結するので，賞与の方は裁量を認めても構わない，ということです（もちろん，実際には賞与も生活に

直結しますが，月例賃金と比べると，ということですね)。

【設例 8-1】　Y 社は賞与について「毎年 6 月 20 日及び 12 月 10 日の賞与支給日に在籍している社員に対して賞与を支給する。ただし，会社の経営状況によっては賞与を支給しないことがある」と就業規則で定めている。① 5 月に退職した X に 6 月の賞与を支給しないこと，②経営が厳しいことを理由に 12 月の賞与を不支給とすること，以上はそれぞれ適法だろうか？

　判例によると，設例のように支給日の在籍を賞与支給の要件とする定め（支給日在籍要件と呼びます）は有効です（大和銀行事件・最一小判昭和 57・10・7 労判 399 号 11 頁）。したがって，設例の①は認められます。この結論は，例えば 6 月の賞与が前年 10 月〜その年の 3 月，12 月の賞与がその年の 4 月〜9 月の仕事ぶりを評価して支給するといったように，賞与が評価対象とする期間に在籍していたとしても，基本的に変わらないと考えてください。

　また，就業規則に沿った取扱いですから，②も認められます。言い換えれば，賞与は，就業規則等に沿って具体的な額の決定がなされるまで，請求する権利は発生していないということですね。

8.2.2　退　職　金

(1) 退職金制度の概要

　退職金制度も会社によって様々であり，金額の算定も様々な計算方法が用いられます。ただ，細かい要素を取り払うと，次の計算式で表すことができます。

退職金 ＝ 算定の基礎となる賃金 × 支給率

　ここで「算定の基礎となる賃金」とは，例えば退職直前の賃金額などです。「支給率」とは，勤続年数や退職理由などに応じて定められた数字（係数）です。日本企業の多くでは，支給率は，勤続年数に応じてググッと高まります（「逓増」と呼び，勤続 30 年と 15 年を比べた場合，勤続 30 年の支給率は 15 年の場合の 2 倍よりかなり大きくなるというイメージです）。また，自分の都合で辞める「自己都合退職」の場合は，定年退職などに比べて支給率は小さくなります。要するに，長期勤続であるほど労働者に有利になるように設計されている例が多いということですね。

(2) 退職金の減額・不支給

> 【設例 8-2】　Y 社は就業規則で「懲戒解雇の場合は退職金を支給しない」と定めている。このような定めがあれば，懲戒解雇した労働者に対しては「いかなる場合」でも退職金を支給しなくてよいのだろうか？

　退職金は，金額が大きいことも多く，また退職で会社を離れる以上，裁判をしてでも「もらえるものはもらいたい」というように，紛争になりやすい面があります。

　設例のような問題について，判例は次のような枠組みを採っています。まず，退職金は，一般に，賃金の後払い的性格に加え，功労報償的性格を持つとしています。会社に長年尽くしてきたこと（功労）に対する報償，つまりご褒美としての性格があるということですね。次に，もし労働者が悪いことをしたら，その分だけ功労が消えてご褒美が不要になるので，悪いことをした度合いに応じて退職金を減らすことは適法としています（小田急電鉄（退職金請求）事件・東京高判平成 15・12・11 労判 867 号 5 頁（百選 31））。逆に言えば，

悪いことをした度合いを超えて減額・不支給とするのは違法です。
つまり，退職金の減額・不支給は，労働者の功労が抹消された程度
に応じて許されうるということですね。

　なお，退職金のうち○割が功労報償，○割が後払いといった話で
はなく，退職金全体にわたって，功労報償的性格と賃金後払い的性
格があると考えられています。そのため，功労がゼロになるような
悪質な行為があれば，全額不支給で構わないということになります。

　まとめると，まず，懲戒の問題と退職金の問題は分けて考える必
要があります。実務では，懲戒解雇＝退職金ゼロというのが半ば常
識になっています。もちろんそういった結論の場合もありますが，
設例8-2 の「いかなる場合でも……支給しなくてよい」というの
は誤りです（前掲小田急電鉄事件では，電鉄会社の社員が他社の電車の
中で痴漢行為を繰り返し懲戒解雇となりました。裁判所は，懲戒解雇は
やむを得ないものの，その退職金について，本来の額の3割の支払いが
必要であるとしました。悪質な行為で功労はほとんどなくなったものの，
かろうじて3割程度は残っている，という判断ですね）。

8.3　賃金の支払いに関する法規制

8.3.1　賃金支払いの4原則

　賃金は労働者にとって大変重要ですから，賃金がきちんと支払わ
れるように，労基法が規制を置いています（労基法24条）。「賃金の
支払いに関する4原則」と呼ばれています。一覧にすると次の①〜
④の通りです。

　①通貨払いの原則：賃金を会社の商品などで「現物支給」するこ

とは許されず，通貨（お金）で，つまり現金または口座振込で支払わなければなりません。

　②直接払いの原則：賃金は本人に直接支払う必要があります。代理人に払ってしまうと，代理人がいくらかを自分の懐に入れるおそれ（中間搾取が起こるおそれ）があるためです。

　③全額払いの原則：その名の通り，賃金は全額を支払わなければなりません。詳細は後述します（→ 8.3.2）。

　④毎月一回以上・一定期日払いの原則：例えば，今月の賃金支払日は月初めで，来月は月末だとすると，生活費が足りなくなるかもしれません。そこで，労働者が生活の計画を立てやすいように，賃金は毎月一回，決まった日に支払わなければなりません。

8.3.2　賃金全額払いの原則

（1）原　則

　8.3.1 で紹介した原則のうち，賃金全額払いの原則が最も重要です。まず，この原則の意味なのですが，実は労基法に定めがなくとも，労働契約上，支払義務のある賃金を使用者が支払うのは当然のことです。しかし，労基法上の義務とすることには大きな意味があります。賃金の一部または全部が支払われない場合，労基法違反となり，行政（労働基準監督署）が乗り出して指導等を行うことができるからです（悪質なケースには刑事罰が科されることもあります（**労基法120条**）（→ 2.2.3））。

　もし，労基法に定めがなければ，確かに労働者には民事上の賃金請求権があるものの，最終的には労働者が使用者を訴えるほかなく，とても大変です。つまり，賃金全額払いの原則は，賃金全額の支払いを強力に保障するという意味があるわけです。

　なお，「全額払い」の意味として，単に賃金の全部または一部を
支払わないことはもちろんダメですが，使用者が労働者に対し金銭
を貸すなどして「金銭債権」を持っている場合，それを労働者の
「賃金債権」と相殺することも許されません（相殺とは，お互いに貸
し借りがある場合などに，相手にお金を渡して，そのお金をまた自分に
渡してもらうのではなく，貸し借りなどを無しにする〔俗な言い方で
「チャラ」にする〕ことです）。相殺がダメですから，賃金は支払っ
た上で，貸した金銭を労働者に別途請求することになります（払っ
てもらえないリスクは使用者側に生じます。なお，後述の（2）例外も
参照）。

　また，「全額払い」は，すでに賃金の支払義務が生じたものにつ
いては全額を払え，という話なので，例えば賞与や退職金（→ 8.2）
が就業規則の定め等に沿って「不支給で構わない」場合，支払わな
くとも全額払い原則違反になりません（当然の話です）。同様に，将
来的に，労働条件を変更して賃金額を下げるといったことも，労働
条件の変更という問題にはなりますが（→第11章），賃金全額払い
の原則とはまた別の話になります。

(2) 例　外
　賃金全額払いの原則については，3つの例外が認められています。
　まず，①税金や社会保険料を賃金から天引きすること（所得税の
源泉徴収等）は，法律に別段の定めがあるので，当然のことですが
違法ではありません。
　次に，②労使協定によって全額払い原則に例外が設定されている
場合もOKです（→ 2.2.2）。例えば○○費を賃金から天引きするこ
とを労使協定で定めている場合は，その天引きについては違法では
ありません。逆にいえば，たとえ実際にかかった○○費であっても，

労使協定なしに天引きをすれば全額払い原則に違反することになるので，注意が必要です。

　最後に，③相殺は，前述の通り原則としては許されませんが，一定の場合には認められます。具体的には，調整的相殺といって，賃金の計算の誤りなどで，わずかに多く支払ってしまったとき，翌月の賃金から相殺（過払い分を控除）して構いません（福島県教組事件・最一小判昭和 44・12・18 民集 23 巻 12 号 2495 頁。ただし，相殺の金額が大きすぎず，労働者の生活の安定を脅かすおそれのない範囲に限られます）。また，使用者から借りた多額の金銭を退職金等との相殺で一括返済するような場合は，労働者がその相殺に真に同意している（自由な意思に基づき同意している）のであれば，同意に基づく相殺として違法ではありません（日新製鋼事件・最二小判平成 2・11・26 民集 44 巻 8 号 1085 頁（百選 29））。いずれも，安全かつ簡単に過払い分や借金を処理でき，相殺を認めることで労働者にもメリットがある，という部分が共通していますね。

8.4　休業手当

【設例 8-3】　Y 社の工場に勤める X は，関連会社の都合で生産に必要な資材が調達できなかったので，2 日間仕事ができなかった。このとき，Y 社はその 2 日分の賃金を支払わなくてよいのだろうか？

（1）休業手当の概要

　休業とは，労働義務のある時間に，何らかの理由で労働を行えなくなることです。もともと労働する義務のない休日（→ 9.1.5）や

休暇（→ 10.1）とは異なります。休業となる理由は様々です。例えば，労働者の私的な都合で仕事に行けなかった場合，前述のノーワーク・ノーペイの原則で，特段の定めがなければ賃金は請求できないのが原則です（→ 8.1.2）。

　しかし，設例では労働者側に責任はなく，むしろ，使用者側に責任がありそうです。このように，休業について使用者の「責に帰すべき事由」（帰責事由）が認められる場合，労基法は休業手当として平均賃金（賞与を除く直前3か月間の賃金総額を平均した1日分〔労基法12条〕）の60％以上の支払いを使用者に義務付けています（労基法26条）。使用者のせいで働けなかった以上，労働者の最低限の生活を保障するため，賃金の一部に当たる額を手当として保障する必要があるということです。

　労基法26条は，使用者に帰責事由があるとされる範囲が広いのが特徴です。具体的には，使用者に「落ち度」がなく，防止困難であっても，帰責事由があるとされることがあります。例えば，機械の故障や検査，原材料の不足，官庁による操業停止命令など，経営上の障害を広く含みます。ですから，設例8-3でも，Y社自身に明確な落ち度（過失）はないかもしれませんが，労基法26条との関係では帰責事由が認められそうです。2日分について，休業手当の支払いが必要となるわけですね。ただし，地震や台風といった不可抗力で休業になった場合は，さすがに帰責事由は否定されます。

(2) 民法536条2項との関係

　ところで，7.2.6でも触れた通り，民法536条2項を労働契約関係にあてはめると，「使用者に帰責事由があって労働できなかった場合，使用者は賃金全額を支払う必要がある」という結論になります。

　民法では 100%，労基法では 60% と，一見，労働者の味方である
はずの労基法の方が労働者に不利なようですね。しかし，この 2 つ
の規定は，単に有利不利の関係にあるわけではなく，役割分担がさ
れているのです。前述の通り，労基法 26 条では使用者の帰責事由
の範囲が広いです。しかし，民法では契約を結んだ当事者は対等で
あるという前提があるので，民法 536 条 2 項では使用者側に明確な
落ち度（過失）がないと，帰責事由が認められません。つまり，労
働者からすると，休業手当の請求は，認められる可能性は高いもの
の，金額は 60% 止まりです。他方，請求が通る可能性は低いものの，
民法 536 条 2 項を根拠に全額を請求できる場合もあるということで
すね。

8.5　最低賃金

　最低賃金法（最賃法）は，言うまでもなく，賃金の最低額を保障
するルールです。最低賃金の金額は，地域ごとに経済の状況や物価
などが大きく異なるため，地域別（具体的には都道府県別）に定め
られるのが基本です（**最賃法 9 条**など）。1 時間当たりの額として定
められます。

　最賃法の枠組みは労基法とよく似ています（→ 2.2.3。最賃法は労
基法から分離独立した法律です）。まず，①強行的・直律的効力があり
ます（**最賃法 4 条**）。最低賃金より低い賃金額を定めても，そのよう
な定めは強行的に無効になり，最低賃金の金額が労働契約を直接規
律（コントロール）し，労働契約の内容となります。要は，最低賃
金の額が保障されます。そして，②違反に対する取り締まりや刑事
罰があります（**最賃法 40 条**など）。最低賃金を守らなかった場合は，

労基署による指導等，そして悪質な場合には刑事罰もありえます。

　最低賃金の額は，インターネットですぐに見ることができます。
毎年 1 回，10 月 1 日に金額が改訂されますので，その前後は特に
注意が必要ですね。

第9章　労働時間

〈本章のポイント〉　労働時間が長すぎれば，労働者の生活や健康に大きな影響が生じます。そこで労基法が，労働時間の長さや休憩，休日，残業（時間外労働）などについて様々な規制を置いています。また，「働き方改革」で大きな改正も行われました。本章では，まず，どのような時間が労働時間かを確認した後，労基法のルールを見ていきましょう。

9.1　労働時間制度の基本的な枠組み

9.1.1　労働時間の概念

(1)「労働時間」とはどのような時間か

　一口に「労働時間」と言っても，文脈によっていくつかの種類があります。まず，就業規則の始業から終業までの時間から，休憩時間を引いたものが，「所定労働時間」（あらかじめ定められた所の労働時間）です。労働契約上，原則として働くこととされている時間ですね。これに対し，法的な意味での労働時間，具体的には労基法が規制の対象とする時間（つまり「労基法上の労働時間」）は，一言で言えば実際に労働した時間（実労働時間）です。例えば残業があったときなど，所定労働時間と労基法上の労働時間が食い違う場合も実際には多いです。所定労働時間と実労働時間が異なる場合，労基法が規制対象とする（例えば，長すぎれば労基法違反となる）時間は，実労働時間（労基法上の労働時間）ということですね。

　さて，実労働時間と言ったとき，例えば事務所の中で資料を作っている時間，工場の中で組立て作業を行っている時間などが法的に労働時間なのはある意味当然です。では，次のようなグレーゾーンとも言える場合はどうでしょうか。

【設例 9-1】　次のような時間は法的に「労働時間」と言えるだろうか？

　　㋐　工場で働く A が，作業の前後に工場内の更衣室で安全用具と作業服を着脱する時間。
　　㋑　事務職として働く B が，業務に必要な知識を学ぶための研修を終業後に受ける時間。
　　㋒　仕事を多く抱えている C が，上司の指示ではなく自分の判断で終業後も残って仕事をした時間。

　こうした時間が労働時間ではないと扱われていた場合に，労働者が労働時間であると主張し，その時間も含めて計算し直した残業代（法的には割増賃金→ 9.2.3）を請求するという紛争が見られます。労働時間に関する紛争は，残業代つまりお金の問題として発生することが多いということです。

　ここでちょっと驚きなのですが，労基法には労働時間の定義がありません。あるのは「……1 日について 8 時間を超えて，労働させてはならない」（労基法 32 条 2 項）といった規定だけなのです。「労働させ」る時間が労働時間と言えそうですが，それでは当たり前すぎますね。そこで，判例が，労基法上の労働時間＝労働者が使用者の①指揮命令下にあると②客観的に評価できる時間，と定義しています（三菱重工長崎造船所事件・最一小判平成 12・3・9 民集 54 巻 3 号 801 頁（百選 33）。設例 9-1 ㋐に似た事案です）。

　①は，指揮命令の下にあれば労働時間……そりゃそうだろうなぁ，

という気もします。ただ、ちょっと抽象的です。そこで、①をさらにかみくだいて、ⓐ労働をⓑ使用者の関与の下で行っていれば、①にあてはまる（その時間は使用者の指揮命令下にある）と考えてください。ⓐは、仕事そのものを行っている状況、または、仕事と同視できるような状況（例えば仕事と言って差し支えないような研修など）があるかどうか、ⓑは、仕事をすることについて、使用者による具体的な指示があるかどうか、または、上司など使用者側の黙認があると言えるかどうかです（黙認も「関与」の1つの形と言えるからです）。

②は、あくまで実態が重要で、就業規則や当事者間の個別の合意などで後から操作することはできない、という意味です。例えば、使用者と労働者に「本当は12時間労働したけど、8時間だけ労働したことにしよう」という合意があっても法的には無効で、労働時間は12時間となります。労働時間の算定は、実態すなわち客観的にはどうだったかで行うということですね。

では、設例9-1の⑦～⑨について考えてみましょう。

⑦の準備や後始末、着替えの時間については、一般論で言うと、労働と密接に関係しますが、原則として労働時間ではありません。例えば朝なら、準備を整えて始業時刻を迎えるのが当然です（パジャマ姿のまま駆けつけてもダメですよね）。ただし設例の⑦のように、それ自体時間のかかる入念な作業を職場（事業場内）で行うことにつき使用者の義務付けがある場合、例外的に労働時間に当たると考えられます。安全用具なしで作業をしたら怒られそうですが、だからといって家で付けてくることも基本的にできません。結局、設例⑦では、職場内でⓐ労働と言える作業をⓑ使用者の関与の下で行っており、指揮命令下にある（つまり労働時間に当たる）と言えそうです。

　⑦の研修は，仕事に必須の知識を学ぶものであれば，仕事と同視しうる状況にある（ⓐ労働に当たる）と言えます。あとは参加が義務的であればⓑ使用者の関与も満たしますので，たとえ終業後であっても労働時間に当たります。設例⑦では参加が義務的か否かが判断のポイントになるわけですね。

　⑦の自主的な残業については，ⓐ労働の要素は当然あるので，ⓑ使用者側の関与の有無がポイントです。時間管理を行う上司の黙認，つまり，残っているのを知っていて，注意せずに仕事をさせている状況などがあれば，使用者側の関与は否定できず，労働時間にあたると考えられます。設例⑦では黙認の有無がポイントになりますね（もっとも，上司がおよそ知らなかったと言えるかどうかは疑問で，実際には知っていることの方が多いかもしれません）。

9.1.2　労働時間の把握

　労働時間を管理するためには，当然，各労働者の労働時間を把握する必要があります。基本的な考え方は，労働時間の適正な把握は使用者の責任であるということです。労働契約を結んで「働いてもらっている」以上，（労働者の側ではなく）使用者の側に労働時間をきちんと把握し管理する責任があるということです。

　この点については，行政（厚生労働省）が「労働時間の適正な把握のために使用者が講ずべき措置に関するガイドライン」（平成29・1・20）を定めています。このガイドラインによれば，使用者は，労働時間を自ら現認する（例えば管理職が部下の労働時間を直接確認する），または，タイムカード，PCのログイン・ログアウトの時刻など客観的な記録から把握するのが原則です。なお，労働者に自己申告させるという方法はあくまで例外と位置付けられており，適正

な申告ができるように十分な説明を行うことや，実際の労働時間と合っているか，必要に応じて調査を行うことなども必要とされています。

　また，直接には労基法ではなく労働安全衛生法（安衛法）の話ですが，「働き方改革」において，全労働者の労働時間の状況を適正に把握することが使用者に義務付けられました（安衛法66条の8の3→13.1.2。ごく一部の労働者〔9.3.2の高プロ制適用者〕を除きます。なお，違反に対する罰則は特にありません）。労働時間の把握はますます重要な意味を持つことになるわけですね。

9.1.3　法定労働時間（労働時間の原則的な上限）

　労働時間が長すぎると，労働者の健康や私生活などに悪影響が生じます。そのため，労働時間の長さについて，労基法が規制しているわけですね。労働時間の原則的な上限は1週40時間，1日8時間とされており，これを「法定労働時間」と呼びます（労基法32条）。ただし「法定」といっても，この数字には「標準」という意味はありません。つまり，決して1日8時間働くのが「当然」というわけではないのです。労基法は「最低」基準であり（→2.2.1），労働時間の場合は長いほど労働者に負担がかかるので，上限が設定されているわけです。

9.1.4　休　憩

　休憩については，大きく3つの規制があります（労基法34条）。
　①休憩時間の長さ（1項）：1日の労働時間の長さに応じ，最低基準が設けられています。6時間以内だと休憩なしでよく，6時間を

超え8時間以内だと45分, 残業 (→ 9.2.2) などによって8時間を超える場合は1時間です。所定労働時間が8時間の場合, 定時ぴったりで仕事が終われば45分でOKですが, 残業の可能性を見越してあらかじめ1時間と設定している会社が多いようです。なお, 例えば1時間の休憩を45分と15分に分けて与えるといったことも認められます。

②一斉付与の原則 (2項):その職場 (事業場) の全員を一斉に休憩させる必要があります。その方が労働者の気持ち的にも休みやすいということですね。ただ, 労働者の過半数代表との労使協定 (→ 2.2.2) があれば, 例外の設定, この場合は, 休憩を交代制とすることが可能です。また, 飲食業など, 「全員が休憩中で誰もいない」という状態では特に困るような一定の業種については, 特例として労使協定がなくとも交代制が認められています (労基法40条, 労基則31条)。

③自由利用の原則 (3項):休憩は自由に利用できるというのが原則です。なお, 休憩中は労働から解放しなければならないので, いわゆる電話番を命じていた場合などは休憩を与えたことにはなりません。注意が必要ですね。

9.1.5 休 日

休日については, 週休1日が最低基準です (法定休日。労基法35条)。週休2日制は労基法よりも有利な基準 (労働条件) というわけです。なお, 祝日や年末年始などを休日とする義務はありませんので, 就業規則等で休日と定められていなければ, 祝日なども出勤しなければならないことになります。

また, 変形休日制と言って, 4週で4日の休日を与えることにし

ても構いません。変形休日制の下では，忙しい週をあらかじめ休日なしにしておいて，他の週に2日以上の休日を割り振るといったことが可能です。

9.2　時間外労働・休日労働

9.2.1　時間外労働・休日労働とは

　一般に「残業」と言うと，就業規則等に書かれた終業時刻を超えて働くこと全般を指すと思いますが，ここで注意が必要です。例えば1日の所定労働時間が7時間30分の会社では，30分残業しても合計は8時間で，1日8時間の法定労働時間を超えません。このような残業は法内超勤（法の内側の超過勤務）と呼ばれ，労基法上の問題は生じません（就業規則等に根拠があれば命じて構いません）。問題になるのは，法定労働時間を超えて，または法定休日に労働させることであり，これらを法的に時間外労働，休日労働と呼んでいます（以下では時間外・休日労働と総称することがあります）。

　なお，時間外労働と言うと一般には「残業」（終業時刻後も残って仕事をすること）がイメージされるかもしれませんが，朝早く出勤した場合（「早出」）も，それによって1日の実労働時間が法定労働時間を超えれば，早出の部分が時間外労働と扱われます。例えば，所定労働時間が8時間の場合（所定労働時間はキッチリ働いている場合），始業時刻前の労働も終業時刻後の労働も時間外労働に当たります。注意してくださいね。

　時間外・休日労働は，「あって当たり前」と受け止められている面もあるのですが，原則として労基法違反，すなわち違法です。な

かなか意識されないことですが, 長時間労働が問題となっている現在, 労基法が1日8時間を超えた労働を原則として禁止していることを忘れてはならないと言えます。

さて, 時間外・休日労働が法的に許されるのは, ①大災害など非常事態の場合か (労基法33条), ②労使協定がある場合だけです。①はごく例外的な話で, 労基署における手続が (事前または事後に) 必要となります。そこで, 以下では②について詳しく見ていきます。

9.2.2 時間外・休日労働のルール

(1) 36協定——労基法の「例外」

　時間外・休日労働が原則として労基法違反である以上, これらを適法に行わせるためには, 労働者の過半数代表と使用者の労使協定によって, 労基法の「例外設定」を行う必要があります (→ 2.2.2)。具体的には, 労働者の過半数代表と使用者の労使協定において, 時間外・休日労働をさせることができるのはどのような場合か, 対象労働者の範囲, 協定の対象期間, 時間外労働 (延長時間) の限度や休日労働させることのできる日数などを定め, 労基署の署長宛てに届出を行います。そうすると, 労使協定で定めた範囲まで, 時間外・休日労働が法的に許されることになるのです (労基法36条)。労基法36条に定めがあるので, この労使協定のことを36協定 (サンロク協定またはサブロク協定) と呼びます。

　なお, 36協定の効力は, その職場 (事業場) の全員に及びます。36協定を締結する労働者側の当事者は「過半数」代表ですから, 過半数組合の組合員ではない, あるいは, 過半数代表を支持していない労働者も存在します。しかし, そうした労働者についても, 過半数代表という職場の代表が締結したものである以上, 36協定の

効力は及びます。つまり，その職場（事業場）の全員について，時間外・休日労働が適法となるわけです。

　ただし，労働法は労基法だけで構成されるわけではありません。例えば労契法は労基法とは別に存在しますから，たとえ時間外・休日労働が労基法との関係では適法であったとしても，働き過ぎで労働者が健康を害したりすれば，安全配慮義務違反（労契法5条。→ 13.2.4 も参照）の問題が生じます。誤解のないようにしてくださいね。

　また，厳密には，時間外・休日労働を命令できる労働契約上の根拠も必要になります。ただ，大抵の会社では就業規則に「会社は……時間外・休日労働を命じることができる」といった根拠規定があり，これが労働契約上の根拠となります（→ 2.4.3）。さらに言うと，こうした契約上の根拠があれば，時間外・休日労働に際し労働者から個別に同意を取る必要はありません（日立製作所武蔵工場事件・最一小判平成3・11・28民集45巻8号1270頁（百選36））。嫌がらせ目的の残業命令など，権利濫用（労契法3条5項）に当たるような場合は別として，36協定と契約上の根拠があれば，使用者は時間外・休日労働を命じることができるわけです。

　さて，ここで注意すべきは，時間外・休日労働の上限は，36協定，つまり労使の合意で定められることになるという点です。ただ，「うちの会社では毎日16時間の延長（＝24時間労働可能）にしたい」などと言い出す会社が出ても困ります。そこで，「働き方改革」以前は，行政が厚生労働大臣の名前で延長の限度を定めていました。限度基準と呼ばれており（正式名称は「労働基準法第36条第1項の協定で定める労働時間の延長の限度等に関する基準」），1か月45時間，1年360時間といった時間外労働の限度時間が定められていました。限度時間は法律上の絶対的な上限ではありませんが，これ

を守って36協定を締結するように労基署が行政指導を行うことができたため，事実上，上限として機能している面がありました（→【参考】も参照）。

【参考　限度基準の適用除外】

　　限度基準は，研究開発の業務や建設業など，一部，適用除外（つまり適用されない）とされていました。適用除外の場合，最初から，1か月100時間といった時間外労働を36協定で定めても構わない（労基法違反ではない）ということになるわけです。

---

(2)　特別条項──「例外」の「例外」

　上記（1）の限度基準，限度時間については，「特別条項」という仕組みをおさえておく必要があります。この特別条項という仕組みのために，例えば，限度時間を超える1か月100時間の時間外労働があっても，「働き方改革」以前においては違法とは限らなかったのです。

　法定労働時間が「原則」で，36協定は「例外」としてそれを超えることを認めます（一応，限度基準による縛りがあります）。この「例外」をさらに超える「例外」が，特別条項という仕組みです。「特別の事情が生じた場合は限度時間を超えて○時間まで労働時間を延長できる」旨の条項を36協定に盛り込んでおくと，その特別の事情が生じた場合には限度時間を超えて構わないことになっています（このような36協定を「特別条項付き労使協定」と呼びます）。しかも，特別条項を用いた場合の時間外労働は，できるだけ短くする努力は必要ですが，法律や限度基準に絶対的な上限の定めはなかったのです。

　もちろん，特別の事情ですから，特別条項を使えるのは機械のト

ラブルへの対応や予算・決算など，あくまで一時的・突発的に時間
外労働が必要になった場合に限られます。また，毎月起きているこ
とは特別なことではありませんから，特別条項を使える上限は1年
のうち6か月以下でした。こうした縛りはあったものの，特別条項
の存在によって時間外労働に絶対的な上限が存在しないと言えるの
が，「働き方改革」以前の労働時間法制の大きな特徴でした。まさ
に，この点が問題視され，「働き方改革」で時間外労働に絶対的な
上限が設けられることになったわけです（「働き方改革」の概要につ
いては→ 1.1.5）。

(3) 時間外労働の上限規制

　「働き方改革」で設けられた時間外労働の絶対的な上限は，以下
のように整理できます。

　①時間外労働の原則的な上限（限度時間）：時間外労働が月45時
間以内，年360時間以内であることが定められました（労基法36条
3,4項。なお，法定労働時間を超える労働に36協定が必要なことに変わ
りはありません）。数字自体は改正前の「限度基準」（前記（1））と
同じ水準ですが，行政の基準から法律へと格上げされた分，重みが
より大きくなると考えてください。

　②絶対的な上限その1：トラブル対応など臨時的な特別の事情が
ある場合，特別条項を用いて①の限度時間を超えることが認められ
る点は，改正前と同じです。ただし，その場合でも，ⓐ時間外労働
が月45時間を上回るのは年間6か月まで，及び，ⓑ時間外労働の
上限が合計で年間720時間以内と定められました（同条5,6項）。ⓐ
も改正前の限度基準と同水準ですが（毎月起きることは「特別」では
ないということですね），①と同じように行政の基準から法律へと格
上げされましたので，よりいっそうの遵守が必要です。また，ⓑだ

けを見ると 720 時間 ÷ 12 か月で毎月 60 時間まで残業 OK となりそ
うですが，@があるためにそうはならない点に注意しましょう。

　③絶対的な上限その２：そして，以上の①原則的な上限，そして，
②特別条項を用いる場合の両方において，時間外労働と休日労働の
合計で，絶対的な上限が©月 100 時間未満，及び，ⓓ 2, 3, 4, 5, 6 か
月の平均でいずれも月 80 時間以内と定められました（同条 6 項）。
例えば，ある月の時間外労働が 44 時間で①原則的な上限の範囲内
でも，休日労働が 56 時間で合計 100 時間に達する場合は，労働者
の負担が大きすぎます。そうしたことから，この©とⓓについてだ
けは，時間外労働と休日労働の合算で規制することにしたわけです
ね（安全衛生，労働災害〔→第 13 章〕の議論の影響も受けています）。
さらに，100 時間近い時間外・休日労働が連続すると，もうその時
点で心身を壊すおそれがありますので，ⓓ平均で 80 時間以内とい
う上限も設けられました。例えば，ある月の時間外労働＋休日労働
が合計 90 時間であれば，翌月は多くとも合計 70 時間以内に抑える
必要があります（合計が 1 度 80 時間を超えると，それから半年間は，
時間外労働＋休日労働の上限に影響が生じるわけですね）。

「働き方改革」で設けられた時間外労働の 3 つの基準のポイント

①	時間外労働の原則的上限	・月 45 時間以内	労基法 36 条 3, 4 項
		・年 360 時間以内	
②	特別条項の上限	@月 45 時間を超えるのは年間 6 か月まで	労基法 36 条 5, 6 項
		ⓑ合計で年間 720 時間まで	
③	時間外労働と休日労働の合計	①・②の両方にかかわる上限	労基法 36 条 6 項
		©月 100 時間未満	
		ⓓ 2 か月平均，3 か月平均，4 か月平均，5 か月平均，6 か月平均がすべて月 80 時間以内	

　36協定については上記①〜③を守って締結することが必要です（守っていない36協定は法的に無効なので，時間外労働等がすべて労基法違反となってしまいます）。また，実際の時間外労働等の時間が，36協定で定めた時間数を超えないことも当然必要です。さらに，ⓒ，ⓓに反した場合，端的に労基法36条6項違反も成立します。

　以上の規制に違反した場合，労基法違反で労基署の指導等の対象になるほか，悪質な場合には刑事罰が科されことになります（労基法119条）。

(4) 改正法の施行時期

　以上の（3）①〜③の施行は基本的に2019（平成31）年4月1日からですが，中小企業（＊次頁）については，経過措置として1年間の猶予が設定され，2020（令和2）年4月1日から施行されます（労基法附則3条）。なお，ここでの「施行」とは，施行日以降の期間のみを対象とする36協定から適用される，という意味です。例えば，中小企業で有効期間が2019年10月1日〜2020年9月30日までの36協定がある場合は，2020年9月30日までは改正前のルールが，2020年10月1日の新しい36協定から改正後のルールが適用されます（労基法附則2条）。適用が始まる時期は会社ごとに少しずつ異なるわけですね。

　なお，今回の新しい上限規制は，研究開発の業務（※1）には適用されない（労基法36条11項），建設業（※2）や自動車の運転の業務（※3），医師等には5年間猶予される（労基法附則139条以下）といった細かい例外もあります（※1〜※3は，いずれも改正前の限度基準の対象外であったことも関係しています）。詳細については厚生労働省Webサイト（「働き方改革」の実現に向けて）などが参考になります。

＊中小企業（中小事業主）の定義　資本金の額または出資の総額が3億円（小売業，サービス業なら5千万円，卸売業なら1億円）以下，または，常時使用する労働者が300人（小売業なら50人，卸売業，サービス業なら100人）以下

9.2.3　割増賃金

（1）割増率と計算方法

　時間外，休日，そして深夜（午後10時〜午前5時）に労働をさせると，割増賃金の支払義務が生じます（労基法37条）。一般に残業代，休日手当，深夜手当などと呼ばれていますが，法的には割増賃金と総称します。割増賃金の支払いを使用者に義務付けることの意義は，時間外労働等の抑制にあります（医療法人社団康心会事件・最二小判平成29・7・7労判1168号49頁）。残業代を払いたくなければ，残業させるのはやめなさい，ということですね。

　割増率の最低基準は，時間外労働25％，休日労働35％，深夜労働25％です（労基法37条，割増賃金令，労基則19条以下）。会社によっては，より高い割増率を就業規則や労働協約で設定している例も見られます。

　なお，時間外労働や休日労働が深夜の時間帯に行われた場合，つまり，時間外と深夜，休日と深夜が重複した場合は，深夜分25％を足して，それぞれ50％，60％の割増率となります。また，割増の計算においては，休日労働は時間外労働と区別されます。休日にはもともと「時間内」の労働がありませんから，たとえ休日に8時間を超えて働いたとしても，時間外の割増がプラスされることはありませんので，誤解のないようにしてください。さらに言うと，こ

こでの「休日」とは法定休日（→ 9.1.5）のことです。土・日の週休2日制で日曜が法定休日だとすると，土曜に出勤しても法律上は休日労働ではありません。同様に，祝日だからといって休日労働になるわけでもありません。あわせて確認しておきましょう。

　また，時間外労働の抑制のため，時間外労働のうち1か月60時間を超えた部分は，割増率が25％引き上げられて，50％になります（労基法37条1項ただし書。中小企業は対象外ですが，「働き方改革」で2023年から対象となります）。なお，細かい話ですが，労使協定で必要事項を定め，かつ，労働者本人が希望する場合には，割増賃金の引き上げ分（25％）を支払わず，それに代えて有給の休暇（代替休暇）を与えることも認められます（同法37条3項）。例えば，1か月の時間外労働が92時間の場合，法定の割増率は，60時間までが25％，60時間超〜92時間が50％です。上述の代替休暇を用いる場合は，60時間を超える32時間分の時間外労働について，割増賃金25％分の支払いは必須ですが，引き上げ分の25％については，割増賃金ではなく，それに相当する代替休暇（32時間の25％分＝8時間分＝1日）を与えることで処理することが可能です。

(2) 割増の基礎

　「割増」を考えるためには，割増の基礎となる1時間分の賃金額が必要になります。時給制ならその時給の額，月給制なら賃金の月額を所定労働時間で割って求めます（労基則19条）。ただ，通勤手当や賞与など労基法37条5項・労基則21条に列挙されたものに限り，除外して計算することが認められます。例えば，通勤費用の多寡で残業代が違うというのも変ですよね。ここでは，必ずしも賃金総額で計算するわけではないということをおさえておきましょう。

（3）割増賃金の定額払い（定額残業制等）

　割増賃金を「○○手当」（例えば「営業手当」）として毎月定額で
支払ったり，基本給に月△時間分の割増賃金を含めたりすることを，
「定額残業制」，「固定残業制」，（一定量の残業があったとみなすこと
から）「みなし残業制」などと呼んでいます。これらは賃金の支払
い方の1つですから，別に禁止されているわけではありません。し
かし，労基法等の最低基準はクリアする必要がありますので，次の
2つが満たされている必要があります（高知県観光事件・最二小判平
成6・6・13労判653号12頁（百選38），国際自動車事件・最三小判平
成29・2・28労判1152号5頁）。

> ①　**割増部分と通常の労働時間の賃金を**判別できること（明確区分
> 性）
> ②　**割増部分が法所定の計算による（つまり実際に必要な）割増賃金
> を下回らないこと**（金額適格性）

　①はいわば大前提です。これが満たされていないと，割増賃金が
足りないのではないか，と労働者が思っても，使用者が通常の労働
時間の部分を低く説明することで，割増賃金に不足はない，と偽る
ことができてしまうからです。
　実際には②がとても重要で，不足が生じた場合は差額を追加で支
払わなければ違法です。例えば定額残業代が5万円，法的に必要な
割増賃金が7万円だった場合，差額の2万円を支払わなければ労基
法37条違反です。ですから，「うちは定額残業制だから追加の割増
賃金は支給しない」というやり方だと，割増賃金の不払いが発生す
る可能性があります（当然の話ですが，定額残業制等は割増賃金の「節
約」にはなりえません）。
　なお，「基本給25万円」と「基本給25万円（45時間分の割増賃金

を含む）」では「25」の意味が全然違います。そこで，行政の指針
により，求人の際はトラブル防止のため固定残業制であることを明
示しなければならないとされています（厚生労働省 Web サイト「平
成 29 年職業安定法の改正について」などを参照）。

9.3 　労働時間規制の適用除外

9.3.1 　管理監督者

　労基法 41 条 2 号は，「……監督若しくは管理の地位にある者又は
機密の事務を取り扱う者」（長いので「管理監督者」と総称します）に
ついて，労働時間，休憩，休日に関する労基法の規制を「適用しな
い」と定めています（適用除外）。つまり，管理監督者に対しては，
36 協定なしに法定労働時間を超えて働かせたり，割増賃金の支払
いを行わなかったりしても，違法ではないということです。使用者
から見れば，コスト（人件費）がかからないことになります。そこ
で，どのような労働者が管理監督者に当たるかが問題となります。

【設例 9-2】　外食産業を営む Y 社では，各店舗の店長が店舗の「管
理職」であることを理由として，1 日 8 時間を超えて労働すること
があったとしても割増賃金を支払っていない。店長には毎月 5,000 円
の店長手当が支払われるほか，出退勤の時刻を自由に決められること
になっていたが，実際には朝早くから夜遅くまで勤務する例がほとん
どであった。Y 社のこのような取扱いに法的な問題はないのだろう
か？

　管理監督者の範囲は，以下の 3 点をすべて満たす労働者です（日

本マクドナルド事件・東京地判平成 20・1・28 労判 953 号 10 頁等)。

> ① 自分が部下を管理・監督している（労務管理上，使用者との一体性がある）
> ② 自分が時間管理を受けていない（自分の判断で出社・退社の時刻を調整できる）
> ③ ふさわしい待遇を受けている（割増賃金の代わりに管理職手当等を支給されている）

　一言で言えば，かなり上級の管理職に限られます。例えば，朝来るのが遅い！と誰かに怒られているようでは，②を満たしているとは言えませんよね。

　ここでおさえておくべきポイントは，「管理」の二文字が共通なので誤解されがちなのですが，管理職と管理監督者は，ぴったり一致するものではなく，別々の概念である，ということです。つまり，管理職の中には，管理監督者に該当する人も，しない人もいるということです（「管理職には残業代が不要」とよく言われますが，法的には不正確です）。

　さらに言えば，管理職は別に法律上の概念ではないので，会社がある社員を「管理職」と呼ぶかどうか，会社が自由に決めて構いません。しかし，管理監督者は労基法上の概念ですから，上記①〜③を満たしているかどうか，あくまで実態（客観的な事実）に基づき判断されることになります。ですから，設例 9-2 のような事例を「名ばかり管理職」と呼ぶのは，実はミスリーディングな表現と言えます。より正確には，「名ばかり管理監督者」と呼ぶべきでしょう（管理監督者に該当しない人を管理監督者と扱うことが問題だからです）。

　設例 9-2 では，店長は①を満たしていそうですが，事実上，朝

から夜遅くまで拘束されており，②は認められない可能性があります。また，月5,000円の手当のみではふさわしい待遇には足りず，③は認められない可能性が高そうです。Y社の取扱いは労基法に反する可能性が高そうですね。

9.3.2　高度プロフェッショナル制度

　高度プロフェッショナル制度（特定高度専門業務・成果型労働制。略して高プロ制）とは，一定の要件（→【参考】）を満たすと，対象者には労働時間，休憩，休日，深夜割増に関する労基法の規制が適用されなくなるという制度です（労基法41条の2）。管理監督者（9.3.1）の制度とよく似ていますが，深夜割増も適用除外となっている点が違いますね。「働き方改革」において導入が可能となりましたが，あくまで導入してもよいというだけで，自動的に適用される話ではない点に注意が必要です。とても多くの要件，手続が必要になるため，導入されている例はあまり見られないようです。

　【参考　高プロ制の導入要件】――――――――――――――――――
　　高プロ制を用いる要件はかなり複雑です。①対象業務，②対象労働者，③導入要件の3つに分けてポイントを整理します。
　①　対象業務　金融商品の開発やディーリング（運用），アナリスト，コンサルタント，研究開発に限られます。また，これらの業務に従事する時間について，使用者が具体的な指示を行わないことも必要です。
　②　対象労働者　年収要件が特徴的で，労働者の平均給与額の3倍を相当程度上回る水準（＝年収1,075万円以上）であることが必要です。また，業務の内容や責任の程度，求められる成果など，自分の職務について使用者と書面で合意していることも求められま

す。

③ **導入要件** 様々なものが必要ですが，大きく@〜©の3つに整理できます。

@ **健康確保措置の実施** 高プロ制の中で最も複雑です。㋐〜㋓のうち，㋒，㋓はそれぞれいくつかの選択肢から1つ実施すればよいという仕組みです。

㋐ **健康管理時間の把握** 高プロ制で導入された概念で，事業場（職場）内にいた時間と，事業場外で労働した時間を合計したものが健康管理時間です。具体的な健康確保措置を行ういわば大前提として，この健康管理時間を把握する措置をとることが求められます。

㋑ **休日の確保** 年間104日以上かつ4週4日以上の休日の確保が必須とされます（確実に週2日休んだとすると，だいたいこれぐらいの日数になりますね）。

㋒ **選択的措置** 次の i 〜iv の選択肢から1つ実施することが求められます。

 i 勤務間インターバル制度＋深夜労働の制限：仕事と仕事の間に11時間以上の休息時間（インターバル）を確保するとともに，深夜労働（午後10〜午前5時）を1か月4回以下とすることです。

 ii 健康管理時間の上限の設定：健康管理時間が週40時間を超える時間を，1か月について100時間以内，または，3か月について240時間以内とすることです。

 iii 1年に1回以上，連続2週間の休日（本人が希望した場合は連続1週間×2回以上）を与えることです。

 iv 臨時の健康診断：健康管理時間が週40時間を超える時間が1か月80時間を超えた労働者，または，申出があった労働者に対して，臨時の健康診断を実施することです。

㋓ **健康管理時間の状況に応じた健康・福祉確保措置** 医師による面接指導，代償休日または特別な休暇の付与，心とからだの健康問題についての相談窓口の設置，適切な部署への配置転

　　　換，産業医等による助言指導または保健指導，あるいは，上
　　　記⑦のⅰ〜ⅳのうち⑦として選ばなかった残り3つのうちの
　　　1つ，以上からいずれか1つを実施することが求められます。
　ⓑ　**労使委員会の設置・決議**　労使委員会を設置して制度の導入等
　　　を委員の4/5以上の賛成で決議し，その決議を労働基準監督署
　　　（署長宛て）に届け出ることが求められます。決議には，上記ⓐ
　　　の具体的な内容や，苦情処理措置，決議の有効期間等を盛り込
　　　む必要があります。
　ⓒ　**労働者本人の同意**　自分に高プロ制が適用されることについて，
　　　労働者本人の書面による同意が必要です。

9.3.3　適用除外に関する留意点

　管理監督者，高プロ制のほか，農・水産業従事者（労基法41条1
号）や監視・断続的労働従事者（同条3号）も，それぞれ，自然を
相手にするため労働時間規制に合わない，負担が比較的少ない，と
いった理由から労働時間規制の適用除外とされています。

　以上見てきた適用除外の各制度について，1つ注意しなければな
らないことがあります。それは，適用されないのはあくまで「労基
法の一部の規定」だけ，ということです。例えば，労契法は当然適
用されますので，働き過ぎによって労働者が健康を害せば，安全配
慮義務違反（労契法5条）の責任が生じます。ですから，管理監督
者等についても，使用者が実労働時間の状況を把握し，働き過ぎを
防ぐために必要な配慮をすることは重要です。適用除外だから使用
者は労働時間について何もしなくてよい，というわけではありませ
んので，くれぐれも誤解のないようにしてください。

9.4 | 柔軟な労働時間制度

9.4.1 | 変形労働時間制・フレックスタイム制

　以上見てきた基本的な労働時間制度に加えて，様々な働き方に対応するため，「柔軟な労働時間制度」と呼ばれるいくつかの制度があります。名称やイメージにとらわれず本質を理解することが重要なので，本書では各制度の細かい点を省き，基本的な考え方に絞って紹介することにします。

　まず，変形労働時間制（変形制）といって，労働時間の「枠」を変形できる制度があります。例えば，月末が忙しく月初めが暇で，いつも月末の週に時間外労働が発生している会社において，各週の所定労働時間を 40/40/40/40 から 30/40/40/50 と変形させて，4 週目は週に 50 時間労働させても時間外労働は発生しない（割増賃金が不要）というのが変形制の基本的な考え方です。1 週目の所定労働時間が 30 時間という点に注目が必要で，労働させられる時間が増えたわけではなく，4 週を平均すれば週 40 時間，つまり法定労働時間を超えないという点が重要です。あくまで枠の「変形」であり「拡大」ではないということですね。

　この変形制には 1 か月単位（労基法 32 条の 2），1 年単位（同 32 条の 4），1 週間単位（同 32 条の 5）があります。1 か月単位が基本で（上記ではイメージしやすいように 4 週としました），1 年単位がその応用，1 週間単位はやや特殊なものと考えてください。

　変形のいわば究極的な形がフレックスタイム制で，1 日単位での変形，つまり，日々の出勤・退勤時刻の決定を労働者にゆだねるという制度です（労基法 32 条の 3）。清算期間（例：1 か月）を設定し，

実際の労働時間の合計が，清算期間における週の法定労働時間の総枠を超えない限り，時間外労働は発生しないと扱います。総枠は，1か月の日数を7日で割って月を週に換算し，それに40を掛けて計算します（例えば31日の月は177.1時間となります）。自分の判断で1日8時間を超えて働いたとしても，直ちに割増賃金がもらえるわけではないということですね。なお，必ず勤務しなければならない時間帯（コアタイム），勤務するか否かを各自で決められる時間帯（フレキシブルタイム）を設定することも可能です（全員が集まる会議などはコアタイムに行うとスムーズです）。

9.4.2 みなし労働時間制

上記9.4.1が労働時間の「枠」を柔軟化するのに対し，1日8時間・1週40時間の枠はそのままに，労働時間の「算定の仕方」を変える制度がいくつか存在します。具体的には，実際の労働時間にかかわらず，ある一定の時間だけ労働したものと「みなす」という，みなし労働時間制（みなし制）という考え方です。例えば1日8時間とみなすことにすれば，実労働時間が15時間と客観的に証明されたとしても，労基法における労働時間はあくまで8時間となります（「みなす」とは法的にとても強い意味で使われる用語なので，覚えておきましょう。なお，9.2.3のみなし残業制とはまったく別のものです）。

みなし労働時間制には，大きく次の2つのパターンがあります。1つは，外回りの営業など，職場（事業場）の外で労働し，労働時間の算定が困難な場合です（事業場外労働のみなし制〔労基法38条の2〕）。実際に使用者が労働時間を把握しがたいという事情が必要なので，会社の建物の外で働いていれば常にみなし制を使ってよいというわけではありません。要注意ですね。

　もう 1 つはいわゆる「裁量労働制」で，労働者が大きな裁量を持って働いている場合です。研究開発など，法で決められた一定の専門業務に従事する場合に認められるタイプ（専門業務型裁量労働制〔労基法 38 条の 3〕），企画等の業務に従事する場合に認められるタイプ（企画業務型裁量労働制〔同 38 条の 4〕）があります。なお，一般に「裁量労働制」と呼ばれますが，法的には何時間働いても労働時間が一定の時間とみなされる点に意味があります。裁量ばかりを強調するのは本質からやや外れていますので，気を付けてください。

9.4.3　柔軟な労働時間制度に関する留意点

　変形制，フレックス制，みなし制に共通する要素として，原則でいけば時間外労働が生じるはずが，例外的に時間外労働と扱われなくなる，つまり割増賃金も不要になる点が挙げられます。利用の要件を満たさないのに制度を利用していた場合は，原則通り時間外労働などがあったものとして割増賃金を計算し直す（不足分を支払う）必要があります。

　なお，労働時間規制の適用除外（9.3.3）とまったく同じ話ですが，労基法上は時間外労働と扱わなくてよい，という話にすぎないので，働き過ぎの場合の安全配慮義務違反（労契法 5 条）の責任などは使用者に生じます。ですから，例えば裁量労働制の適用者についても，実労働時間の状況を把握することが重要な意味を持ちます（→ 9.1.2 も参照）。誤解のないようにしてくださいね。

【参考　柔軟な労働時間制度の導入割合】―――――――――――
　厚生労働省の「就労条件総合調査」を見ると，柔軟な労働時間制度を導入している企業の割合がわかります。細かい数字は毎年変わ

りますので，おおよその数字で挙げてみると，変形労働時間制60%，
フレックスタイム制5%，事業場外労働のみなし労働時間制15%，
裁量労働のみなし労働時間制（専門業務型・企画業務型あわせて）3%
といったところです。

第10章 休暇・休業

〈本章のポイント〉 本章では，有給休暇（法的には年次有給休暇〔年休〕）について，年休権，時季指定権，時季変更権といった重要な概念を理解し，年休には使用者の許可が必要か，といった具体的な問題を見ていきましょう。「働き方改革」による改正内容も紹介します。後半では育児休業や介護休業についても取り上げます。

10.1 年休（年次有給休暇）

10.1.1 年休とは

労基法によって，休日とは別に，自由に使える休暇が有給で保障されています。一般には「有給休暇」や単に「有給」と呼ばれますが，法的には「年次有給休暇」略して「年休」と呼びます。「有給」の休暇ですから，年休を取得して休んだ日には所定労働時間だけ労働した場合の通常の賃金（または平均賃金→8.4等を参照）が支払われます（労基法39条9項）。

日本の年休制度の特徴は，休暇を分割して（つまり1日単位で）取得できる点，原則として労働者が自分でいつ取るかを決める点です。これらは日本にいると当たり前に感じられるかもしれませんが，世界の国々と比較すると，あらかじめ日程を調整してまとめて休む，といった休暇制度が採られていることも多く（ヨーロッパの「バカンス」などです），実は日本の特徴と言えるのです。

　また，年休を使うことを「年休を消化する」と言いますが，年休の消化率が低いことが日本の問題点として挙げられます。毎年出される厚生労働省「就労条件総合調査」によると，消化率はだいたい50％程度です。労働者が十分に休んでおらず，働き過ぎにつながっているわけですね。この背景には，例えば病気の時に使うために残しておく，など様々なものが考えられますが，上で挙げた特徴の1つ，つまり，自分でいつ取るかを決めるため，職場で言い出しにくく，結果として休めない，といったこともあると思われます。そこで，後で触れますが，「働き方改革」によって，年休の一部を使用者の責任で取得させるという制度が導入されました（→ 10.1.5）。しっかり働くためには，しっかり休むことも重要ですよね。

10.1.2　年休権の付与

　年休の仕組みは，2段階で考えるとわかりやすいです。まず，労基法上の要件を満たすと，○日分休める権利という法律上の権利（「年休権」）が労働者に付与されます。次に，いつ休むか（いつ使うか）を労働者が具体的に指定することになります。この2段階を経て，実際に年休を取得する（休む）ことになるわけですね。

　年休権の発生については，入社1年目の労働者は入社から6か月継続して勤務し，出勤率（労働しなければならない「全労働日」のうち何日出勤したか）が8割以上であれば，6か月経過時点で10日間の年休権が付与されます（労基法39条1項）。その後，出勤率8割以上を満たしつつ勤務を継続すると，1年6か月の時点で11日，2年6か月の時点で12日，6年6か月以上で20日というように，表1のように勤続年数に応じて1年当たりの付与日数も増えていきます（労基法39条2項）。

表 1　年休の付与日数（労基法 39 条 1 項，2 項から作成）

入社 から	6 か月	1 年 6 か月	2 年 6 か月	3 年 6 か月	4 年 6 か月	5 年 6 か月	6 年 6 か月〜
付与 日数	10 日	11 日	12 日	14 日	16 日	18 日	20 日

　なお，上記の日数は週 5 日または 6 日の勤務を想定したものです。週 3 日のパート勤務のように週の所定労働日数が少ない場合は，年休の日数もその分少なくなります（比例付与。同条 3 項）。言い方を変えれば，パートやアルバイトなど非正規雇用でも，勤務の継続や出勤率 8 割以上という要件を満たせば，日数は少ないかもしれませんが年休の権利が認められます。非正規雇用は年休が「ない」というのは誤解なので，注意が必要です。

　また，使わずに残ってしまった未消化年休は，1 年に限り繰り越して使うことができます。年休のような労基法上の権利には 2 年の消滅時効が定められており，使えるようになってから 2 年間放っておくと「時効」で消滅します（労基法 115 条）。ですから，付与された年の次の 1 年間は使える計算になるわけです（なお，この時効の期間は，民法の改正〔2020（令和 2）年 4 月 1 日施行〕等を受けて，将来的に見直される可能性もあります）。勤続年数が長いと 1 年の付与日数は 20 日間なので，その 2 年分だと 40 日間になりますね（ただし，後述するように年 5 日は必ず取得することになっています→ 10.1.5）。

10.1.3　時季指定権と時季変更権

　次に，年休の仕組みの 2 段階目，つまり，いつ休むかを指定するということについて見ていきます。このことについて労基法 39 条

5項は以下のように定めています。

> 労基法 39 条 5 項　　**使用者は，**①前各項の規定による有給休暇を労働者の請求する時季に与えなければならない。**ただし，**②請求された時季に有給休暇を与えることが事業の正常な運営を妨げる場合においては，他の時季にこれを与えることができる。

　下線部①を労働者の「時季指定権」と呼びます（「時季」とは要は「時期」のことですが，季節を含む時期ということで「季」の字が用いられています）。時季指定は原則として1日単位ですが，就業規則等で制度化されていれば半日単位（半休）が可能ですし，労使協定の締結などの要件を満たせば時間単位も一部可能です（労基法39条4項）。

　このように，労働者には原則として指定（希望）した通りに年休を取得する権利があります。しかし，年休取得には使用者の許可が必要では……というイメージをお持ちの方もいらっしゃるでしょう。それは，下線部②のように，使用者に「時季変更権」と呼ばれる年休を拒否できる権利があるからなのです。なお，名前は「変更権」ですが，使用者の方で年休取得日を○月×日から○月△日に変えられるわけではありません。その日はダメ，と言える拒否権のことだと考えてください。

> 【設例10-1】　Y社の企画課に勤めるXは，旅行のため，有給休暇（年休）を取りたいと申し出た。しかし課長は，1人でも欠けると課の仕事が回らなくなるため，年休なんてとんでもない，と何も対応せずに繰り返すばかりである。Xは年休をあきらめなければならないのだろうか？

　使用者が時季変更権を行使できるのは，「事業の正常な運営を妨げる場合」，具体的には，仕事の調整や代替要員の確保など，労働者の指定通りに年休を取得できるような配慮を行ってもなお，その労働者が休むことで業務上の支障が生じる場合です。ここで注意したいのは，支障が生じることだけでなく，使用者の配慮が必須とされている点です。配慮なしでもよいとすると，もともと忙しい職場では誰が休もうとしても（業務に支障が生じるでしょうから）時季変更権を行使でき，結局誰も休めません。そこで，判例によって「配慮」が時季変更権の要件とされました（弘前電報電話局事件・最二小判昭和 62・7・10 民集 41 巻 5 号 1229 頁）。したがって，設例 10-1 のように，年休の申請に対し，上司が「忙しいからダメだ」などと言って何の対応もしないような場合，法的には年休を取得できることになるわけですね。

　また，時季変更権の行使は，他の時期に年休を与えられることが前提です（39 条 5 項の最後に「他の時季（期）に……与えることができる」とあるからです）。したがって，退職時に残っている年休を全部取得する場合のように，もはや他の時期に与える余地がない場合，使用者は年休取得を拒否できない点に注意が必要です。

　なお，以上見てきた年休の権利は労基法上の権利なので，就業規則の定めなどにかかわらず，最低限の権利として当然に発生します（法定年休）。ただ，就業規則などで労基法を上回る労働条件を設定することは当然許されますので（→ 2.2.1），労基法にはない法定外年休を設けることも可能です。様々な例がありますが，付与日の前倒し（例えば入社初日から 10 日間の年休を使えるようにする），日数の上乗せ，バースデー休暇や勤続〇年の人へのリフレッシュ休暇などが挙げられます。

10.1.4　年休のその他の問題

　以上のほか，年休に関する問題を3点ほど紹介しておきます。
　①年休自由利用の原則：取得した年休を自由に利用することができるというのが「年休自由利用の原則」です（白石営林署事件・最二小判昭和48・3・2民集27巻2号191頁（百選41））。なお，時季変更権の行使の可否を判断する場合，年休の取得理由（目的）は一切関係ありません。目的が○○だから時季変更権が認められやすい，といったことはなく，あくまで事業の正常な運営を妨げる場合か否かで決まります。また，使用者が労働者に年休の取得理由を聞くこと自体は，違法とは言えないと解されています（取得理由に配慮し，時季変更権を使える場合でもあえて使わずに年休を認めるといったことがありうるからです）。
　②計画年休：年休は法的に強い権利なのですが，実際にはなかなか取りたいと言い出せない場合もあるでしょう（前述の通り，年休の平均消化率は50％程度です）。そこで，年休消化率の向上のため，計画年休という制度が設けられています（労基法39条6項）。これは，労働者の過半数代表（→ 2.2.2）と使用者の労使協定で，誰がいつ休むか，具体的な年休日の特定等を行うと，その通りに年休日が確定するという制度です（労働者が個別に拒否することはできません）。個別に指定しなくていいので，気兼ねなく休めるだろう，という発想ですね。ただ，すべての年休を計画的に割り振ると自由に取れる分がなくなるので，最低5日分は自分で指定できるように各人に残すことになっています。
　③年休取得を理由とする不利益取扱いの可否：例えば年休取得者には皆勤手当を支給しないといった，年休取得を理由とする不利益な取扱いについては，行わないように努力する義務（努力義務）が

使用者に課せられています（**労基法附則 136 条**）。義務の中身は「努力」なので，不利益取扱いを行ったからといって直ちに違法となるわけではありません（→ 6.2.2 も参照）。しかし，判例によると，不利益が大きく誰も年休を取らなくなってしまうような取扱いであれば，年休権を保障した意味がなくなるため，公序違反（→ 1.2.4）で無効と扱われます（沼津交通事件・最二小判平成 5・6・25 民集 47 巻 6 号 4585 頁）。不利益が大きすぎてはダメということですね。

10.1.5　使用者の年休付与義務

「働き方改革関連法」によって労基法が改正され，年休のうち年 5 日分については使用者に付与義務が定められました（**労基法 39 条 7 項**）。具体的には，労働者から聴取した意見（希望）を尊重しつつ，年休の付与日から 1 年のうちに使用者が 5 日分を時季指定し，年休を取得させることになっています。

ただし，労働者が自ら指定して取得した日数や，前述の計画年休で取得した日数については，この 5 日分に充当してよいとされています（同条 8 項。例えば労働者が自分で 5 日以上指定したら，使用者の指定は不要です）。働き過ぎへの対応策の 1 つとして，労働者側に主導権があるという年休の基本的な考え方を一部修正し，年 5 日は確実に取得させようということですね。

なお，対象者は年 10 日以上の年休が付与される労働者です。週 5 日以上の勤務なら入社 1 年目から対象ですが，週 4 日以下の場合は勤続年数の増加に伴い対象となります（→ 10.1.2）。これまで存在しなかった新しい仕組みではありますが，付与義務違反には刑事罰（**労基法 120 条**で 30 万円以下の罰金）もありうるので，どの会社も自社に合った仕組み作りを行う必要があります。

10.2 休 業

10.2.1 育児休業・介護休業

　育児や介護と仕事をどう両立させるかについては，社会的にますます関心が高まっています。そこで，育介法（育児休業，介護休業等育児又は家族介護を行う労働者の福祉に関する法律）が，育児や介護に関する様々な支援を定めています。

(1) 育児・介護休業

　まず，育児や介護のために休むことができる制度として，育児休業，介護休業があります。育児休業は，男女とも，子が1歳になるまで取得できます（育介法5条）。子が保育園に入れないなど一定の要件を満たす場合は，1歳半まで，2歳までと順次延長することができます（最長で2歳まで）。介護休業は，要介護状態（育介法2条）の家族を持つ労働者が，対象家族1人につき通算93日まで，3回まで分割して取得できます（育介法11条）。なお，介護休業の期間が短く見えるのは，育児と違って介護はいつまで続くかわからないため，育児休業のように休業中に育児を行うというより，例えば介護支援サービスの利用手続を行うなど，その後の介護の態勢を作るための休業だからです。

　育児休業，介護休業に共通するのは，使用者が原則として拒否できない強い権利であるということです（育介法6条，12条）。拒否できるのは，一定の事由に該当し，かつ，労使協定がある場合など，ごく限られた場合だけです。また，労働契約が有期の場合であっても，一定の要件を満たせば取得できます（非正規労働者は育児（介

護）休業の対象外というわけではありませんので，注意が必要です）。

　なお，育児（介護）休業中は，賃金の支払いが法律で義務付けられているわけではありません（ただし支給する旨の定めがあればその定めが優先されます）。そこで，雇用保険から「育児休業給付」「介護休業給付」が支給されます（**雇用保険法61条の4以下**）。金額はいずれも休業前の賃金の67%（育児休業給付は180日経過後は50%）です。

(2) 勤務時間の短縮等

　次に，育児や介護のために働く時間を短くすることができる仕組みがあります（**育介法16条の8，16条の9，23条**）。使用者（事業主→3.2.2）は，労働者の希望に応じ，育児（3歳未満の子を養育する場合）のために短時間勤務制度を実施することや，介護のために短時間勤務制度やフレックスタイム制度等の中から1つ以上を実施することが義務付けられます。さらに，短時間勤務（例えば1日6時間）が実現しても残業があっては意味がないので，所定時間外労働の免除も必要です（なお，短時間勤務で所定労働時間を短縮した場合は，その短縮した時間を超えて労働させないということになります）。

　また，子供の病気やケガの看護や，介護している家族の通院の付き添いなどのために，1年に5日まで，看護休暇，介護休暇をそれぞれ取得することができます（**育介法16条の2，16条の5**。子供や対象家族が2名以上の場合はそれぞれ10日まで）。育児（介護）休業とは別の，いわば単発で休める制度ですね。

10.2.2　労基法上の休業制度

　労基法は，より基本的なこととして，産休制度や，妊娠中の労働

者が希望した場合に軽易業務への転換を認めなければならないこと
などを定めています（**労基法65条**）。産休は，産前6週間は女性の
請求が前提の任意的休業，産後8週間は強制的休業です（7, 8週は
例外的に就業させてよい場合があります）。また，妊産婦が請求した
場合，法律上の時間外・休日労働や深夜労働等をさせてはならない
とされています（**労基法66条**）。

　なお，産休等の休んでいる期間，時間について，賃金の支払いが
法律で義務付けられているわけではない（支払う旨の定めがあればそ
の定めに基づき支払う必要がある）のは，育児（介護）休業の場合と
同じです。また，健康保険から「出産育児一時金」や「出産手当
金」（休業前の賃金の67%）が支給されます（**健康保険法101条以下**）。

　この10.2で見たように，妊娠・出産，育児，介護には様々な給
付金やサポートがあることをおさえておくとよいでしょう。

第11章　労働条件の変更

〈本章のポイント〉　企業を経営していく中で，労働条件を引き下げなければならない場面も出てくるでしょう。そのとき，労働条件は主に就業規則で設定されていますから，就業規則を労働者に不利に変更する「不利益変更」が必要になります。本章では，就業規則の不利益変更にどのようなルールがあるのか，詳しく見ていくことにしましょう。

11.1　就業規則の不利益変更

11.1.1　不利益変更の問題の特徴

　本章では，労働条件の変更の問題について，就業規則の変更を中心に見ていきます。まず言えることは，労働条件の変更とは，誰しもが直面しうる，そして，どの会社でも生じうる問題である，ということです。労働契約は，何か月，何年，人によっては何十年と続くこともある，継続的な契約と言えます。継続するということは，その途中における柔軟な変更が不可欠です。例えば，入社時の労働条件や制度がまったく変わらないまま定年まで数十年働くなんて，ありえないですよね。途中で社会の環境や会社の経営状況も変わる中で，何らかの変更が生じているはずです。

　ただ，労働者と使用者の関係は契約関係（つまり約束を結んだ関係）です。約束である以上，変更には原則として両者の合意が必要です。ですから，一方的な変更は認められないのが大原則であるは

ずです。しかし，労働者が変更に同意しなければ労働条件を一切変更できないとなると，使用者側としても経営に困ってしまうでしょう。そこで，後で見るように，就業規則を労働者に不利益に変更する場合には，例外ルールが存在します。

　なお，理論的には，労働条件を労働者側に有利に変更することも労働条件の変更ですが，その場合は労働者も変更に同意するでしょうし，トラブルが生じることは考えにくいですよね。問題になるのは，労働条件を労働者側に不利に変更する「不利益変更」の場合ですから，以下では不利益変更の問題に絞って見ていきます。

　ところで，第2章で見たように，労働条件を設定しているのは，労働協約，就業規則や個別の合意でした（→ 2.1）。労働条件の変更の際は，これらを変更することになります。そこで，労働条件を設定する最も一般的な手段と言える就業規則に着目し，就業規則の不利益変更の問題から取り上げます。

11.1.2　不利益変更に労働者の同意がある場合

　就業規則の不利益変更については，労働者の同意があるか否かで大きく場合分けをして考えるのがポイントです。

　就業規則の不利益変更を歓迎する労働者はいないでしょう。しかし，使用者による経営状況の説明などを聞き，「会社がつぶれるよりは……」と変更に同意する例も実際には少なくありません。判例を見ても，就業規則の不利益変更に関する紛争で，社員全員が「変更反対」と言って会社を訴えるようなケースはまず存在しません。大多数の労働者は変更に同意し，どうしても納得できない（同意しない）労働者が裁判を起こすというのが典型的なパターンです。

【設例 11-1】 Y社は人件費削減のため，基本給を5％引き下げる内容の就業規則の変更を行った。Y社の従業員Xは，Y社が配付した変更への同意書に署名して提出したものの，後で考えるとやっぱり基本給が下がるのは嫌なので，変更は認められないと主張し，Y社に差額分を請求した。この請求は認められるだろうか？

　就業規則の不利益変更に，労働者が自由な意思で同意している場合，言い換えれば，労働者の真の同意があれば，変更後の就業規則に法的拘束力が認められます（山梨県民信用組合事件・最二小判平成28・2・19民集70巻2号123頁（百選21））。条文上の根拠は労契法9条に求めることができます。労契法9条を要約すると以下の通りです。

> 労働者の同意の<u>ない</u>変更は<u>許されない</u>

　ここで，条文の下線を引いた部分について，「反対」を書き出してみてください。

> 労働者の同意の<u>ある</u>変更は<u>許される</u>

　法律の条文を読む（解釈する）とき，書かれていることの「反対」をとって解釈することがあります。このような解釈を「反対解釈」と呼びます。労契法9条をそのまま（文字の通りに）読むと，同意のない不利益変更はダメ，としか書いていないように見えますが，反対解釈によって，同意のある変更はOKという意味まで読み込むことができるわけです。

　そうすると，特に実務上問題となるのは，真に本人の同意があったと言えるかどうかです。設例11-1のように，労働者が後から「実は同意していない」として変更の拘束力を否定する主張ができ

るかどうかに関わってきます。

　この点については，状況を３つほど挙げることができます。

　まず①として，使用者が不利益変更に異議がある場合は申し出てほしい，と言ったのに，労働者が誰も申し出なかった場合です。こうした場合，使用者は「同意を得た」と扱いがちですが，堂々と使用者に異議を述べられる労働者はむしろ少数でしょう。①の場合に労働者の真の同意があったと認めるのは妥当ではありません。

　次に②として，使用者が不利益変更の内容等について十分に説明することのないまま，変更に対する同意書を労働者に提出させたような場合です。②の場合は，同意書に労働者の署名（サイン）や捺印（ハンコ）がなされていることも多く，一般論で言えば労働者の同意があったように思われます（一般の裁判では，同意書があれば同意があったと判断されるのが通常です）。しかし，労働者は基本的に使用者より弱い立場ですし，労働条件の不利益変更という重大な局面です。ですから，同意の有無については慎重に判断する必要があります。そこで②のような場合，労働者の真の同意はなかった，と解釈されることになるのです（前掲山梨県民信用組合事件もこの立場です）。

　最後に③として，使用者が不利益変更の内容等について十分な説明を行い，労働者が理解し納得した上で同意書を提出した場合であれば，労働者の真の同意があったと認められます。③の場合については，いったんは不利益変更に同意した以上，後から「実は同意していない」などと主張することは基本的に認められないと考えられます。ただし，不利益が大きければ，その分，より丁寧な説明が必要でしょうし，不利益が極端に大きな場合は，労働者が本当に自由な意思で同意したと言えるのか，同意書への署名を強制されたのではないかなど，より慎重に検討することが求められるでしょう。

設例 11-1 では，あえて上記②の場合か③の場合かを明記していません。X が同意書に署名するのに先立ち，Y 社が変更の内容等について X ら労働者にきちんと説明したか否かで結論が分かれることになりますね。

11.1.3 不利益変更に労働者の同意がない場合

（1）ルールの概要

> 【設例 11-2】 設例 11-1 で，就業規則の不利益変更に対する X の同意が認められないと仮定した場合，変更に拘束力が認められないとして，Y 社は必ず賃金の差額分を支払わなければならないことになるのだろうか？

次に，就業規則の不利益変更に労働者の同意がない場合について考えます。同意がないとはどのような状況かというと，まず，設例 11-2 のように，同意書は存在しているものの，法的に真の同意があったとは認められなかった場合が考えられます。そして，労働者が同意書への署名等を拒むなど，明らかに同意がないという場合もありえます。

こうした場合，変更が労契法 10 条に照らして合理的であり（変更に合理性があり），変更後の就業規則が労働者に周知されていれば，変更に同意していない労働者に対しても変更後の就業規則が拘束力を持ちます（**労契法 10 条**）。

第 2 章で見たように，労契法における就業規則の周知とは，就業規則の規定を労働者が知ろうと思えば知ることができる状態に置くということです（→ 2.4.3）。使用者として周知を満たすことは比較的容易なので，変更が合理的か否かという点に注目します。

　この労契法 10 条のルールは，判例の「就業規則の不利益変更法理」を立法化したものです。就業規則の不利益変更については数多くの判例がありますが，特に代表的なものとして秋北バス事件・最大判昭和 43・12・25 民集 22 巻 13 号 3459 頁（百選 18），第四銀行事件・最二小判平成 9・2・28 民集 51 巻 2 号 705 頁（百選 20）などが挙げられます。

　なお，労契法 10 条のルールについては，労働契約があくまでも契約（約束）である以上，一方が拒否しているのになぜ内容を変更できるのか，という疑問が生じます。説明はなかなか難しいですが，信義則（労契法 3 条 4 項→ 1.2.4）を用いた説明が考えられます。労働契約は，期間が長くなる傾向があるだけでなく，解雇が厳しく制限されていることからも（→ 7.2），継続性が要求されていると言えます。継続性があるため，途中で柔軟に変更すること，すなわち柔軟性も必要です。解雇規制によって継続性が求められるのに，柔軟性の確保ができないと，企業も困ってしまうでしょう。そこで，信義則の観点から，柔軟性を確保するために使用者に労働条件の変更の余地を認める，ただし，どのような変更でもよいわけではなく合理的な変更に限って認める，という説明です。ここでは，就業規則を一方的に不利益に変更するのは認められないのが大原則であり，例外的にのみ認められる（例外ルールが存在する）という枠組みを理解しておいてください。

(2)「合理性」の判断要素

　就業規則の不利益変更が合理的か否かは，労契法 10 条が挙げる以下の 4 つの判断要素を総合考慮して判断します。

《変更の合理性の判断要素》
①　労働者の受ける不利益の程度
②　労働条件の変更の必要性
③　変更後の就業規則の内容の相当性
④　労働組合等との交渉の状況

　まず，①労働者の受ける不利益の程度は，ある意味当然のことですが，不利益の中身，つまり，具体的な賃金引き下げの額などを考慮します。

　次に，②労働条件の変更の必要性は，経営状況などから，その会社において変更がどの程度必要と言えるかを考慮します。ただ，②だけを強調すると，その会社として変更が必要であれば変更OK，といった結論に傾いてしまいます。

　そこで，より大きな視点で，社会全体，業界，地域等の状況に照らして検討するのが③変更後の就業規則の内容の相当性です。相当性というとわかりにくいので，ここでは，妥当かどうか（労働者に変更を受け入れさせるべきかどうか）と言い換えて理解するとよいでしょう。例えば賃金を下げる場合，その会社がもともと業界内でも賃金が高めで，引き下げ後も業界内の平均を上回っているとしたらどうでしょうか。もちろん断言はできませんが，そうした変更であれば労働者に受け入れさせても妥当である（つまり相当である）と考えることができそうです。②はその会社の事情のみに注目するので，③で広い視野からも検討すると考えてください。

　さらに③においては，労働者に生じる不利益を緩和するための代償措置や経過措置も考慮します。代償措置は労働条件を引き下げる代わりに別の労働条件を改善させるものです。ただ，多くの代償措置を取れるのなら，最初から労働条件の引き下げは必要ないのでは

……という疑問も生じます。そうしたこともあって，判例では，移行期間を設ける，段階的に変更するなどの経過措置が重視される傾向があります。こうした不利益緩和措置は，変更の際に（つまり変更後の就業規則に）盛り込まれるのが一般的ですから，③の判断に含まれるわけですね。

　最後に，④労働組合等との交渉の状況については，労働組合等の「等」に要注意です。労働組合があれば無視することは当然許されませんが，実は会社に労働組合が存在しないことの方が多いです（→ 15.1.1）。そこで，労働組合に限らず，個々の労働者に対しても，不利益変更に関する説明や話し合いがしっかりと行われたかを考慮します。

　なお，就業規則の変更に際しては，労基法上，過半数代表からの意見聴取等が必要となります（→ 2.4.2）。これら労基法上の手続は，労基法に基づく最低限の義務として必ず行わなければなりませんから，④とは区別されます。過半数代表から意見を聞いたから④が十分に行われたというわけではなく，あくまでも労働者側に対する説明や話し合いを行ったかが考慮されます。

　以上の要素を「総合考慮」して合理的か否かを判断するわけですが，結果を予測するのが難しいという難点があります（「予測可能性」が低いと表現します）。ぱっと見て判断することができないので難しい問題なのですが，就業規則の不利益変更を同意のない労働者に受け入れさせるかどうかという重要な局面ですから，様々な要素を考慮することが望ましいですし，予測可能性が低いこともやむを得ません。ここでは４つの判断要素に沿って丁寧に検討することで，漠然と「合理的である」「合理的でない」と述べる場合に比べて予測可能性を高めることができますので，判断要素を正確に理解することが重要と言えるでしょう。

　設例11-2では，あえて具体的な判断要素に関係する事実を明記していません。実際には，4つの判断要素に対応する事実関係を明らかにした上で，変更が合理的かどうかを判断することになります。同意書があったにもかかわらず説明が不十分で変更に同意がないと判断されたのですから，④労働組合等との交渉の状況において，使用者による説明が十分ではなかったと評価できるかもしれませんね。

(3) 合理性判断の留意点

　以上が労契法10条（いわば「合理性」ルール）の基本的なポイントですが，重要な問題なので，変更が合理的か否かの判断において留意すべきポイントをさらに3点ほど紹介します。

　まず1点目として，賃金，退職金など重要な労働条件に関する変更については，変更に「高度の必要性」が必要であるというのが判例の立場です（前掲第四銀行事件等）。簡単に言えば，並みの必要性では足りないということです。条文には書かれていないことなので，注意してください。

　労働条件の変更は多くの場合で賃金の変更が生じるので，高度の必要性が要求される場合も多そうです。高度といっても，必要性を数値化して○○以上が必要ということではありませんので，ここでは主張の「目安」と考えてください。例えば使用者側であれば「高度」の必要性があると主張することになりますし，労働者側であれば，変更は必要かもしれないが「高度」ではない，と主張することになるわけですね。

　次に2点目として，上述した4つの判断要素のうち，④の労働組合等との話し合いを重視するのが判例の立場です。例えば前掲第四銀行事件は，変更に労働者の多くが加入している労働組合の合意がある場合，「変更後の就業規則の内容は労使間の利益調整がされた

結果としての合理的なものであると一応推測することができ」と述べています。変更が合理的と断定するわけではなく，あくまで「推測」ではありますが（他の要素も考慮した結果，合理性が否定されることもありえます），労働組合，特に多くの労働者が加入している組合の合意は，変更の合理性を肯定する重要な判断要素になるということです。社会や企業経営が大きく変化する中，裁判所が不利益変更の内容や必要性について判断するのは困難なことも多いので，使用者が労働者側ときちんと話し合ったかを重視するということですね。

　最後に3点目として，変更が合理性を持つことの意味を確認しておきます。これは，合理性の有無について事前に行政等がチェックをするということではありません（その意味で，不利益な変更であっても，とにかく断行するということもありうるわけです）。労働者が変更について争った場合，使用者側で合理性を証明できなければ，その労働者に対してのみ変更後の就業規則の規定を適用できなくなるということです。

　例えば，会社の中で，不利益変更に真に同意した労働者と，同意のない労働者が混在する場合，どうなるのでしょうか。この場合，真の同意がある労働者については労契法9条で変更後の就業規則に拘束力が認められ，同意しなかった労働者については労契法10条の変更の合理性の問題となります。仮に変更に同意しなかった労働者が裁判を起こし，変更の合理性が否定された場合，上述の通りその労働者についてのみ変更後の規定を適用できなくなるわけです（変更前の就業規則に基づく対応が必要になります）。

　ただ，裁判等で変更が「合理性なし」と判断されると，すでに変更に同意していた労働者に「自分たちは裁判所がNOと言うような就業規則に同意させられていたのか」という疑問や不満が生じるこ

とも予想されます。事実上，使用者は変更の見直しを迫られること
になるかもしれませんね。

11.2　その他の方法による労働条件の不利益変更

11.2.1　労働協約による労働条件の不利益変更

　労働協約で労働条件が定められている労働者（労働協約を締結し
ている労働組合の組合員）が職場に存在する場合，そうした労働者
の労働条件を不利益に変更したければ，就業規則の変更の前提とし
て，労働協約の変更が必要となります（労働協約の変更を「改訂」と
呼ぶことが多いので，以下では改訂という表現を使います）。

　労働協約の詳しい話はまた後で出てきますので（→ 15.3），さし
あたり，次の２つのことをつかんでおけば OK です。

　第１に，労働組合の組合員に対しては，労働協約が就業規則より
も優先して適用されるということです（→ 2.4.4）。このため，就業
規則だけを変更しても，労働協約が残っていればその協約の労働条
件が適用されることになります。労働協約が適用される労働者の労
働条件を変更したければ，協約の改訂が不可欠（まさに前提となる）
というわけです。

　第２に，労働協約による労働条件の不利益変更に関する基本的な
考え方です。労働協約による不利益変更は，原則として，組合員を
拘束します。労働協約は使用者が一方的に改訂できるものではなく，
労働組合も同意しなければ（「苦渋の決断」という場合もあるかもしれ
ませんが），改訂はありえません。このように労使の合意が基礎に
あるため，就業規則とは逆に不利益変更が原則 OK となっているの

です（協約による不利益変更が拘束力を持たないのはあくまで例外的な場合です。詳細は 15.3.3 を参照）。

> 就業規則　**不利益変更は原則×，例外的に○**
> 労働協約　**不利益変更は原則○，例外的に×**

11.2.2　個別の合意による労働条件の不利益変更

労契法 8 条は，労働条件の変更に関する一般的な原則として，個別の合意によって労働条件を変更することが可能であることを定めています。しかし，実は，労契法 8 条が単独で問題となる場面は限られています。

なぜなら，労働条件は，個別の合意ではなく就業規則で集団的に定められていることが多いからです。そうした場合は，次の 2 つの理由で，労契法 8 条は表舞台には出てきません。

第 1 に，就業規則で定められている労働条件について，就業規則を変えずに，労働者と使用者が個別の合意で労働条件を引き下げることにした場合，どうなるでしょうか。思い出してほしいのですが，仮にそのような合意があったとしても，強行的に無効となります（労契法 12 条→ 2.4.3）。例えば就業規則で基本給を 20 万円と定めている時，基本給を 19 万円と引き下げる個別の合意が成立しても，労契法 12 条にいう「就業規則で定める基準に達しない労働条件」として無効になるわけですね。このような場合，個別の合意で労働条件を引き下げることはできないということです。

第 2 に，就業規則の不利益変更に対する労働者の同意・不同意は，労契法 9 条・10 条の問題となるということです。労契法 9 条・10 条は，8 条の一般的な原則を，就業規則の場合についてより具体的に

（特別に）規定したものと解されます。そうすると，1.1.3でも触れたように，一般的なルール（一般法）と特定の分野や事柄のために作られたルール（特別法）では，特別法が優先されることになっているため，就業規則の不利益変更については8条の出番はなく，9条，10条の問題になるというわけです。

　結局，労契法8条が具体的に問題となるのは，少し細かい話なのですが，①小規模で作成義務がないため就業規則が存在せず（→ 2.4.2），個別の合意で設定していた労働条件の変更，②あらかじめ個別の合意で設定していた，就業規則より有利な労働条件（→ 2.4.3）や就業規則に定めがない労働条件の変更，③労働契約締結後に個別の合意によって行われる，就業規則より有利な労働条件への変更などに限られます。

　なお，変更に個別の合意があったか否かについては，慎重に判断することが求められます（ちょうど，労契法9条の合意の有無について慎重な判断が必要なことと似ています→ 11.1.2）。労働条件の引き下げという局面ですから，労働者が本当に同意したと言えるのか，使用者が変更についてきちんと説明したかどうかも含めて，しっかりと検討される必要があると言えます。

第12章 非正規労働者

〈本章のポイント〉 非正規雇用と正規雇用の格差の問題に関心が
高まり，「働き方改革」では非正規雇用が重要なテーマと位置付
けられ，大きな法改正がなされました。本章では，まず，非正規
雇用と正規雇用の区別を確認した上で，非正規労働者≒有期労働
者であることから，有期雇用のルールを詳しく学びます。そして，
パートや派遣に関するルールと，働き方改革における改正点を明
らかにしていきます。

12.1 非正規雇用についての考え方

　実は，「正規雇用」や「非正規雇用」には法律上の定義がありま
せん。なんとなく，パートやアルバイトは非正社員で，いわゆる
「社員」が正社員というイメージがあるかもしれませんが，直接的
な定義はないのです（そのため，安易に「非正規」と呼ぶべきではない，
という考え方もあるようです）。ただ，一般に，正規雇用（正社員，正
規労働者）は以下の①〜③をすべて満たす労働者と理解されています。
まさに「正社員」のイメージです。

> ① **労働契約に期間の定めがなく，定年まで雇用されうること**（期
>   間の定めのない労働契約＝無期契約）
> ② **所定労働時間が1日8時間，1週40時間程度であること**（フ
>   ルタイム勤務）
> ③ **自分が働いている会社に直接雇われていること**（直接雇用）

　これに対し，非正規雇用（非正社員，非正規労働者）は，以下の❶
〜❸のうち 1 点以上に該当する労働者と理解されています（→【参
考】も参照）。

> ❶ **労働契約に 3 か月，1 年といった期間の定めがある**（期間の定
> 　めの有る労働契約＝有期契約）
> ❷ **所定労働時間が 1 日 6 時間などと正社員より短い**（パートタイ
> 　ム勤務）
> ❸ **自分が働いている会社に直接雇われているのではなく，別の会
> 　社に雇われて，そこから派遣されてきている**（間接雇用）

　実際にはパート労働者や派遣労働者も労働契約は有期であること
が多いので，非正社員の多くは有期契約を締結した労働者（有期労
働者）です（つまり，労働契約が有期か否かが，正規と非正規を分ける
大きなポイントになっています）。

　こうして見てくると，正規と非正規の違いは，単に契約形態の違
いでしかありません。しかし実際には，賃金などの労働条件が正社
員よりも低く，いわゆる「格差」が存在することは言うまでもない
でしょう。また，上述のように非正社員の多くは有期契約であるた
め，期間が満了した後に更新されなくなることを恐れ，使用者に自
らの権利や職場の不満等について言い出せない場合が多いと思われ
ます。つまり，非正社員は，構造的に雇用が不安定な状況に置かれ
ていると言えます。

　もちろん，パートやアルバイトなどの非正社員も労働者ですから，
当然，労基法などで保護されています（→ 3.1.5）。しかし，正社員
に比べると，使用者による雇用の管理や権利の保護が必ずしも十分
とは言えません。そこで，❶有期労働者は労契法のいくつかの規定，
❷パート労働者はパート法（短時間労働者の雇用管理の改善等に関す

る法律。なお 2020 年 4 月 1 日からはパート・有期法），❸派遣労働者
は派遣法（労働者派遣事業の適正な運営の確保及び派遣労働者の就業条
件の整備等に関する法律）などがそれぞれ保護を加えています。そし
て，上述の「格差」問題を解決するため，「働き方改革」におい
ても重要な法改正がなされました（→ 12.4，12.5.3）。

　以下では，❶有期雇用のルールを中心に，❷パート，❸派遣につ
いてそれぞれポイントを整理することにします。

【参考　統計にみる非正社員】────────────────

　非正社員は，「平成」の時代を通して，その数が大きく増加しま
した。平成が始まる直前，1987（昭和 62）年の非正社員の数は 849
万 8,000 人（全雇用労働者の 19.7 %）だったのに対し，2017（平成
29）年では 2,132 万 5,700 人（全雇用労働者の 38.2%）と 2 倍以上に増
えるとともに，労働者の 4 割近くに達しています（総務省「就業構造
基本調査」）。他方，労働条件には格差が存在し，2017 年の正社員の
賃金の平均が 32 万 1,600 円であるのに対し，非正社員は 21 万 800
円となっています（厚生労働省「賃金構造基本統計調査」）。

12.2　有期労働者（有期雇用）

12.2.1　有期雇用の基本ルール

（1）解雇規制

　有期労働者を労働契約の期間途中で解雇する場合，やむを得ない
事由（理由）が必要です（民法 628 条及び労契法 17 条 1 項）。このこと
は，有期労働者の解雇が正社員など無期労働者の解雇（労契法 16

条）よりも理論的に厳しく規制されることを意味します。イメージと
しては，解雇における㋐合理性（きちんとした理由），㋑相当性（解
雇しても厳しすぎないと言える事情）（→ 7.2.4）に加え，㋒期間満了
まで待てないような事情がなければ，やむを得ない事由があるとは
言えないと考えてください。例えば，多額の金銭を横領しており，
もう 1 日たりとも会社にいてもらうわけにはいかない，と言えれば，
㋐㋑㋒すべてを満たし解雇は有効であるとされそうです。

　正社員より有期の非正社員を解雇する方が難しいと聞くと，意外
に感じるかもしれません。労働契約で期間を約束した以上，その期
間は解雇しないのが原則ということです。ただ，裁判のコスト（費
用や時間）に見合わないという理由で，労働者が争うことをあきら
めるケースも多いようです。そのため，有期労働者の解雇の判例は，
無期労働者の場合に比べ非常に少ないという状況です（プレミアラ
イン事件・宇都宮地栃木支決平成 21・4・28 労判 982 号 5 頁など）。

(2) 期間の上限

　上記（1）でも見たように，労働契約に期間を定めることには重
要な意味があります。労働者側の期間途中の辞職は，実際問題とし
て制限することは難しいものの，条文上は（いわば建前としては）
やむを得ない事由が必要でした（民法 628 条→ 7.1.2）。そこで，期
間があまりに長いと当事者を拘束しすぎるということで，上限の定
めがあります。原則 3 年で，いくつか例外があります（**労基法 14 条**。
例えば労働者が 60 歳以上の場合は 5 年が上限です）。なお，下限はな
いので，いわゆる日雇いの労働契約も違法ではありません。

12.2.2　更新拒否（雇止め）の法規制

【設例 12-1】　Y 社は，期間 3 か月の有期契約でパート社員を多数雇用しており，期間満了時も希望者については基本的に契約を更新してきた。パート社員の X は，その仕事ぶりが上司をはじめ周囲に認められ，「X さんがいないと困る」「ずっとうちの会社にいてほしい」などといつも言われていた。それに嫉妬した同僚の A が X に嫌がらせを行うようになったが，その相談を X から受けた上司の B は面倒を嫌がり，X の契約を更新しない（雇止めをする）ことにした。この雇止めは法的に許されるだろうか？　なお，X は Y 社で働き続ける中で A との問題も解決しようと思っており，雇止めに異議を唱えている。

雇止めとは，有期契約の期間満了時に使用者が更新を拒否することです。注意したいのが解雇との違いです。雇止めの場合，契約は期間満了で終了しており，その終了した契約を更新しないというだけなので，実は雇止めは原則として自由です。ただ，雇用が失われるという点では両者はよく似ているので，雇止めを制限するルールが存在します。判例法理（雇止め法理）が 2012（平成 24）年の法改正で労契法 19 条となったものです（判例を法律にすることで，雇止めが制限されうることをより明確に示すことにしたわけです〔→【参考 1】も参照〕）。

具体的には，労働者が雇止めに異議を述べた場合（つまり更新を希望している場合），次の①②のいずれかにあてはまるのであれば，自由なはずの雇止めが制限される可能性があります。

①は，実質的に見て，無期契約が結ばれているのと同じと言ってよい場合です（実質無期契約型。労契法 19 条 1 号）。有期契約のはずが，更新手続もないままずっと働き続けている場合などです。②は，契約の更新を労働者が期待し，その期待が法的保護に値する（＝更新の

期待に合理的な理由〔合理性〕がある）場合です（期待保護型。同条 2 号）。実際には①のように手続がいい加減な例はさすがに少なく，②に当たるかどうかがポイントとなります。

　さて，「期待」を保護すべきかどうかの判断要素は次の 3 点です。まず⒜業務内容が臨時的か恒常的かです。例えば夏期限定の仕事と明示されていたのに，秋以降の継続を期待されても，保護はちょっと難しい，ということですね。次に⒝当事者の言動や認識です。設例 12-1 のように，上司など使用者側から「ずっと会社にいてほしい」と言われたり，「まじめにやっていれば更新は大丈夫」などと言われたりしていれば，誰しも更新を期待するでしょう。その期待は自分勝手なものではなく，保護に値しますよね。最後は⒞更新の手続，希望者に対し更新を拒否した前例があるか，更新が繰り返されているかといった事情です。以上を総合考慮して，期待の合理性を判断します（→【参考 2】）。

【参考 1　労働契約法 19 条の成り立ちと「類推適用」】————

　労契法 19 条が制定されるまでは，雇止めは解雇権濫用法理（労契法 16 条）の類推適用という手法で規制されていました。類推適用とは，簡単に言うと条文を借りてきて適用するということです。解雇と雇止めは法的には別のことですから，解雇に関する規定を雇止めに「直接」適用することはできません。しかし，雇用が失われるという点ではよく似ていますから，類推適用であれば構わない，と判例は判断していたわけです（日立メディコ事件・最一小判昭和 61·12·4 労判 486 号 9 頁（百選 79）等）。この判例法理（雇止め法理）を立法化したのが労契法 19 条です。そのため，本文でも触れるように，雇止めが濫用的か否かの判断要素が解雇と同じものになっているわけですね。

【参考2 期待の合理性と更新限度】───────────

　有期契約に「更新は4回まで」などと「更新限度」が付けられることがあります。使用者がきちんと説明し，労働者も理解していたのであれば，更新限度を超えた雇用継続の期待に「合理性」を認めるのは難しいでしょう。他方，実際には徹底されておらず，限度を超える更新もしばしばあったというのなら，他の事情（当事者の言動など）を考慮し，期待の合理性が肯定されることもありえます。

　つまり，更新限度の存在によって，それを超えた期待の合理性が絶対的に否定されるわけではありません。その労働者に期待の合理性を認めてよいか，更新限度があるという事情も考慮しながら，総合的に判断することが求められます。

───────────────────────────

　なお，念のため確認しておくと，②雇用継続の期待に合理性がある（あるいは①実質無期契約と言える）だけで，雇止めが制限されるわけではありません。ここまではいわば第1ラウンドです。雇止めは原則自由ですから，労契法19条の1号か2号への該当があって，初めて制限の可能性が出てくるわけです。次に第2ラウンドとして，労契法19条をあてはめて，その雇止めが濫用的か否かの判断を行います。この判断は，解雇権濫用法理（労契法16条）と基本的に同じ枠組みで，雇止めの合理性，相当性を検討します（→ 7.2.4。なお，人員整理が目的の，つまり整理解雇類似の雇止めであれば，整理解雇の4要件を用います→ 7.2.5）。そして，雇止めが濫用的でなければ契約関係は終了ですが，雇止めが濫用的な場合，契約は更新されます。雇止めが制限され，有期雇用が保護されるわけですね。法的には，労働者側からの契約更新の希望，すなわち申込みを，使用者側が承諾したものとみなすと定められています。

　なお，雇止めが濫用的と判断される可能性は，一言で言えば，解

雇が濫用的とされる可能性ほど高くはありません。雇止めが制限されうると言っても，無期契約の正社員などとまったく同じ程度に保護されるわけではない（保護の度合いには差異がある）ということですね。

　設例 12-1 は，周囲の言動や，これまで希望者に対し契約を更新してきたという事実から，X の雇用継続の期待には合理性が認められそうです。他方，嫌がらせの相談について対応が面倒だからという理由で雇止めが行われており，いくら解雇と同程度には保護されないと言っても，雇止めに合理的な理由（合理性）があるとは到底言えないでしょう。したがって，X の有期契約は更新されることになると考えられます。

12.2.3　有期から無期への転換

(1) 制度の目的

　有期契約には，期間満了に伴う更新がつきものです。先に述べた雇止めのルール（→ 12.2.2）はあるにしても，更新されないと困るため，有期労働者は職場の不満などについて使用者に言いにくい面があります（前述の通り，契約が有期ということは，もうそれだけで構造的に不安定な立場にあるということですね→ 12.1）。そこで，有期契約から無期契約への転換を認めることで有期労働者を保護しようというのが，労契法 18 条の無期転換制度です。

(2) 無期転換の要件

　同一の使用者のもとで，更新等によって 2 つ以上の有期契約の通算期間が 5 年を超えることです（図1）。この要件を満たすと，原則として誰もが無期契約への転換申込権を取得します。また，通算と

言っても，例えば3年勤めて退職し，何年か経って同じ会社で2年勤めた場合に無期転換というのも変な話なので，契約と契約の間に一定期間が空いた場合には通算しないという「クーリング期間」が設けられています（労契法18条2項。基本は6か月で，契約期間が短い場合は短くなります）。逆に，クーリング期間に満たない短い空白期間があっても契約は通算されるので，その点は注意が必要ですね。

なお，細かい話ですが，定年後の継続雇用（→7.3.3）など一定の場合について，使用者が所定の手続を行うことで無期転換の対象外とできる仕組みなど，無期転換には例外も定められています。詳細は厚生労働省Webサイト「有期契約労働者の無期転換ポータルサイト」などを参照してみてください。

【契約期間が1年の場合の例】

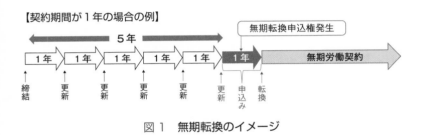

図1 無期転換のイメージ

【設例12-2】 Y社と有期契約を締結している労働者Xは，通算で5年を超えたため無期転換を申し込んだ。Y社は，Xの勤務成績がよくないことを理由に，無期転換を拒否することができるだろうか？

(3) 無期転換申込みの効果

労働者が無期転換を申し込んだときの最大のポイントは，使用者は転換を拒否できないという点です。労働者の能力や成績などを考

慮し,「あなたは OK」「あなたはダメ」などと個別に対応すること
はできません（使用者は転換の申込みを承諾したものとみなされます）。
もちろん設例 12-2 でも転換の拒否は認められません。使用者が作
った任意的な制度であれば話は別ですが，法律に基づく一律的な制
度だからですね。具体的には，転換を申し込んだ時点の有期契約が
終了した翌日から，無期契約に切り替わることになります（図1）。

（4）無期転換後の労働条件

　ここも大きなポイントで，無期転換後の労働条件は，原則として
有期のときの労働条件と同じです。例えば時給○○円の有期労働者が
無期転換しても，時給は○○円のままです。「正社員化が求められ
る制度」ではありませんので，注意してください。

　ただ，労働者と使用者の間で労働条件を変える「別段の定め」が
あれば，その定めの通りに労働条件が変更されます。無期転換の際
に，転換後の労働条件について個別に合意したり，無期転換後に適
用される就業規則を作成し，労働者がそれに同意しつつ無期転換を
申し込んだりしていれば，それぞれ合意や就業規則の内容の通りに
労働条件が変更されることになります（→【参考】も参照）。

　なお，無期転換した労働者の雇用の保護（言い換えれば，解雇の
制限）の程度は,「当初から無期の正社員」と同程度になるとは限
りません。あくまで事案ごとの判断ですが，契約内容や，採用選考
の経緯など，様々な面で違いがあることを考えれば，当初から無期
の正社員より保護が弱い場合も考えられます。ここでも,「正社員
化」ではなく，契約が有期から無期に変わっただけなので，必ずし
も雇用保障が同一になるわけではないということですね。

【参考　無期転換と労働条件の不利益変更】

　　無期転換の際，就業規則によって従来からの（有期の時の）労働条件を不利益に変更することは可能でしょうか。労働者が真に同意していればもちろん可能ですが（→ 11.1.2），同意がない場合は，労契法 10 条を類推適用して，変更として合理的であれば変更が認められる（→ 11.1.3）と解されます。

　　無期転換の場合は契約そのものが新しい契約に変わるため，労契法 10 条を直接適用することはできません（10 条は，契約そのものは同一で，労働条件だけが変わることを前提とした規定だからです）。ただ，転換前の有期契約と転換後の無期契約は実質的には連続しており，労働条件の変更の場面によく似ているため，類推適用（→ 12.2.2）は可能ということですね。

12.2.4　有期であることを理由とする不合理な労働条件の禁止（不合理な相違の禁止）

(1) 概　要

　　労契法 20 条は，有期労働者と無期労働者で労働条件に違い（相違）があることを否定するわけではありません。しかし，その相違が不合理であってはならないと定めています。簡単に言えば，有期であることを理由として労働条件に不合理と言えるほどの差をつけることは，違法ということです。後述するように「働き方改革」でよりいっそう重要な意味を持つルールなので（→ 12.4），まず「働き方改革」以前の内容を正確に理解しましょう。

【設例 12-3】　X は Y 社と有期契約を締結し，トラック運転手として働いている。Y 社には無期契約を締結した正社員のトラック運転手も

多数在籍しているが，安全・正確に荷物を運ぶという仕事内容や責任の面では X ら非正社員と違いはない。ただ，正社員にのみ全国への転勤がある。このとき，家賃など住宅費用の一定割合を支給する住宅手当を正社員のみに支給することは，不合理な相違に当たるだろうか？

(2) 不合理性の判断

　労働条件の相違が不合理かどうかは，具体的な労働条件ごとに，つまり，賃金でいえば年収の総額ではなく○○手当や基本給といった賃金項目ごとに，20 条に書かれた以下の判断要素を総合考慮して判断します。

①　業務 の内容及び当該業務に伴う 責任 の程度（「職務の内容」と総称されます）
②　人事異動 の有無と範囲（20 条では「職務の内容及び配置の変更の範囲」とされており，一見わかりにくいです。要は人事異動のことです）
③　その他 の事情（労使の話し合いの有無など，様々な事情が含まれます）

　不合理かどうかを判断する最も基本的なポイントは，なぜそのような相違があるのか，きちんと説明できるかどうかです。20 条の条文には出てこないのですが，キーワードは「説明」です。手当の有無の話なら，その手当の目的や，仕事内容や人事異動とどう関係するかなどに照らして，なぜ無期労働者（正社員）にだけ手当が支給されるのか，理由をきちんと説明できなければ，不合理な相違とされることになります。このポイントは必ずおさえてください。

　重要な判例に，ハマキョウレックス事件・最二小判平成 30・6・1 労判 1179 号 20 頁があります（設例 12-3 は同事件を簡略化したも

のです）。この事件では，トラックの運転手について，各種手当の
ほとんどが無期の正社員のみを対象としていたため，その相違が不
合理か否かについて争われました。正社員と有期の非正社員で①業
務と責任が同じ，②人事異動は正社員にのみ全国転勤があったので
すが，最高裁は無事故手当，作業手当，給食手当，皆勤手当，通勤
手当の相違は不合理であり，住宅手当の相違は不合理ではないと判
断しました。業務や責任が同じですから，無事故，作業，皆勤の各
手当に差を付けることには説明が付きません。また，通勤や食事が
必要になる点では有期も無期も同じですから，通勤，給食手当の相
違にも説明が付きません。他方，転勤がある正社員は，持ち家があ
っても転勤先で部屋を借りるなど住宅費用がかかるので，正社員に
のみ住宅手当があることには説明が付く，ということですね。した
がって，設例 12-3 においても，X に住宅手当を支給しないことは
不合理な相違ではないと考えられます。

（3）不合理とされた場合

　労契法 20 条に反し不合理な相違を付けていた場合，そのことが
不法行為（民法 709 条）に当たるとして，使用者に損害賠償責任が
生じます。手当などの差額分を損害と計算するわけですね。20 条
には有期労働者の労働条件を無期労働者と同じものにする効力（「補
充効」と呼ばれます）はありませんが，不合理とされた相違を放置
すれば，ほかの有期労働者が次々と使用者を訴えかねません（当然，
裁判はすべて使用者の負けとなるでしょう）。結局，労働条件の見直し
は不可欠ですから，不合理な相違の解消が期待されます。

　なお，労契法 20 条に関する裁判が非常に多くなっています。手
当の有無など労働条件の相違のうち，そのすべてではないにしても，
少なくとも相違のいくつかは不合理と判断される例が多いです（使

用者が完全に勝った裁判は少ないと言えます）。裁判になる前に，賃金
制度や人事制度の点検を行うことが重要と言えるでしょう。

12.3　パート労働者

12.3.1　パート労働者に関する基本ルール

　パート労働者については，「短時間労働者の雇用管理の改善等に
関する法律」が定められています（以下，パート法。長いのでパート
法やパートタイム労働法と呼ばれます。なお，「働き方改革」で法律名が
少し変わります→12.4）。同法によると，パート労働者の法律上の
名称は「短時間労働者」で，「通常の労働者」（要はフルタイムの正社
員）より1週間の所定労働時間が短い労働者がすべて含まれます（同
法2条。以下では法律の略称にあわせて「パート労働者」と表記します）。
　したがって，会社が「パート」と呼んでいるか否かにかかわらず，
例えば学生アルバイトや定年後の嘱託社員なども，週の所定労働
時間が正社員より短ければ「パート労働者」としてパート法の適用
があります。いわゆる主婦パートだけが対象ではありませんので，
注意してくださいね。また，「パート」が非正規雇用の総称として
使われる例も見られますが，法的にはそうではありませんので，あ
わせて気を付けてください。
　なお，パート労働者も労働者ですから，労基法，労契法などが当
然適用されます。ただ，「パート」ということで雇用の管理や権利
の保護が十分でないことも少なくないため，これらの法律に加えて，
パート法が様々な保護を行っているのです。

12.3.2　パート労働者の待遇に関する法規制

(1) 不合理な相違の禁止（パート法8条）

　パート法で最も重要なのは，パート労働者と通常の労働者（正社員）の待遇の相違に関する規制です。

　まず，パート法8条の不合理な相違の禁止に関するルールは，実はすでに学んだ**労契法20条**（有期労働者と無期労働者の不合理な相違の禁止）とまったく同じ内容です（→ 12.2.4）。つまり，パート労働者と正社員を比べたときに，業務・責任，人事異動の有無と範囲，その他の事情に照らして，労働条件に不合理な（説明が付かないような）相違を付けてはいけない，ということです。

　なお，パート労働者の労働契約は有期であることが多く，労契法20条とパート法8条の両方があてはまることもあります。ただその場合でも，ルールの中身（不合理か否かの判断要素）は同じであるため，これまでの裁判では主に労契法20条の問題として争われているようです（判断要素が同じですから，それで十分なわけですね）。

(2) 差別的取扱いの禁止（パート法9条）

　上記（1）と異なり，労契法には規定がなくパート法にのみ規定があるのが，（2）の規制です（フルタイムの有期労働者には適用されません）。下記①と②が正社員と同一のパート労働者は，正社員と同視すべきであるとして，賃金その他のあらゆる待遇について，パートというだけで正社員と差を付けることを禁止しています。

① 業務の内容及び当該業務に伴う責任の程度（条文では「職務の内容」と総称）
② 人事異動の有無と範囲（条文では「職務の内容及び配置の変更の範囲」）

　労契法20条，パート法8条の判断要素と似ていますが，①②が正社員と「同一」であることが求められる点，そして，「その他の事情」という判断要素がない点が異なります。業務・責任，人事異動のすべてが同一となると，対象となるパート労働者はごく一部に限られるので，これまで裁判で使われたケースは少ないです。しかし，もしあてはまれば，パートを差別的に取り扱ってはならない，という強い法規制です（働き方改革における改正について 12.4.2 も参照）。

(3) 待遇に関するその他の規制（パート法 10 ～ 12 条）

　以上のほか，賃金の決定，教育訓練（研修）の実施に際し，パート法 10 条，11 条 2 項で，正社員との均衡を考慮するように努力する義務が課されています。均衡とはバランスのことです。上記 (1)
(2) のように，正社員と不合理な相違がなければ，また，正社員と同視すべき場合でなければ，賃金の決定や研修については基本的に使用者に裁量があります。しかしそうした場合でも，バランスが悪すぎると言えるほどの大きな違いにはならないよう努めてください，ということです。

　なお，細かい話ですが，業務と責任が正社員と同じパート労働者（「職務内容同一短時間労働者」）に対しては，正社員に対する研修をそのパート労働者に対しても実施しなければなりません（パート法 11 条 1 項。すでに能力があって研修の必要がなければ，例外的に実施は不要です）。

　また，食堂や休憩室，更衣室といった福利厚生施設については，パート労働者にも利用の機会を与えるよう配慮することが求められます（パート法 12 条）。施設が狭い場合，増築が義務付けられるわけではありませんが，狭さを理由に施設の利用を正社員に限定してしまうのは，配慮を欠き許されないと考えられます。

12.3.3 パート法のその他の規制

　以上のほか，パート法で知っておくべき規定を概観しておきましょう。

　まず，雇用管理があいまいなままにならないように，労働条件を明確にさせたり，説明をさせたりする規定があります。労働者を採用する際は，労働条件を明示する一般的な義務があるのですが（労基法15条），パート労働者に対しては，これに上乗せする形で，「特定事項」と呼ばれる昇給，退職手当，賞与それぞれの有無を文書等で明示することが必要です（パート法6条）。そして，採用の時やパート労働者から求められた時に，それぞれ一定の事項について説明をする義務（同14条）や，パート労働者のための相談窓口等を整備する義務（同16条）も使用者に課されています。

　なお，パートのままで雇用を改善することには限界もあるので，正社員への転換を推進するため，正社員への登用試験制度を設ける，正社員の募集情報を周知するなどの選択肢の中からいずれかを実施することも必要です（パート法13条）。

　最後に，行政は，使用者に対し，報告を求めたり，助言・指導・勧告といった働きかけを行ったりすることができます（パート法18条，24条等。なお6.2.2も参照）。違反の是正や紛争解決のために，行政が動けるわけですね（実務を担うのは労働基準監督署の上部組織である労働局です）。

12.4　働き方改革における法改正

12.4.1　法改正の概要

　第 1 章（→ 1.1.5）でも触れたように，正規・非正規の格差は長時間労働と並ぶ「働き方改革」の 2 大テーマです。非正規雇用に関する法改正の中心は，働き方改革関連法によって，労契法 20 条の内容が労契法から削除されてパート法 8 条に移され，パート法が「短時間労働者及び有期雇用労働者の雇用管理の改善等に関する法律」（以下，パート・有期法）に改正されることです。これまでパート労働者のことはパート法，有期労働者のことは労契法と分かれていたのですが，パートと有期という，企業が直接雇用する非正規労働者に関する総合的な法律が誕生することになります。

　パート・有期法の施行は 2020（令和 2）年 4 月 1 日（中小企業〔→ 9.2.2〕については 2021（令和 3）年 4 月 1 日）です。なお，派遣労働者についても法改正がなされましたが，その点は派遣労働者の箇所でまとめて紹介します（→ 12.5.3）。

12.4.2　有期労働者・パート労働者の待遇に関する規制

（1）不合理な相違の禁止

　パート・有期法で最も重要なのは，正社員との不合理な相違を禁止する 8 条です。以下，改正前の労契法 20 条，パート法 8 条とパート・有期法 8 条で条文の言葉（文言）が変わる部分を下線部ⓐ〜ⓒで示しました。なお，不合理か否かの判断要素（下線部①〜③）は改正前とまったく同じです（①業務・責任，②人事異動の有無と範囲，

③その他の事情です→ 12.2.4, 12.3.1）。

> パート・有期法 8 条 事業主は，その雇用する ⓐ短時間・有期雇用労働者の ⓑ基本給，賞与その他の待遇のそれぞれについて，当該待遇に対応する通常の労働者の待遇との間において，当該短時間・有期雇用労働者及び通常の労働者の ①業務の内容及び当該業務に伴う責任の程度（以下「職務の内容」という。），②当該職務の内容及び配置の変更の範囲 ③その他の事情のうち，ⓒ当該待遇の性質及び当該待遇を行う目的に照らして適切と認められるものを考慮して，不合理と認められる相違を設けてはならない。

ⓐは，パート労働者と有期労働者の両方をカバーするという当然のことを示しただけですね。なお，短時間・有期雇用労働者とは，パート労働者または有期労働者を指す言葉で，パートかつ有期の労働者だけを指すわけではありません（パートで無期，フルタイムで有期の人たちも，短時間・有期雇用労働者に含まれます）。

ⓑは，すでに学んだように（→ 12.2.4），年収の総額ではなく具体的な労働条件ごとに（手当など賃金の項目ごとに）比較する，ということを明記したものです。

ⓒは，不合理か否かが問題とされた労働条件が何かによって，考慮する（判断に使う）要素が変わるということです。例えば住宅手当の話であれば，手当の性質が住宅費用の補填である以上，判断要素①〜③のうち，①の業務・責任は基本的に考慮せず，もっぱら②の転勤の有無を考慮します。業務の内容や責任の重さは，家賃などの住宅費用とまったく関係ありませんが，転勤の有無は，持ち家があっても転勤先で賃貸の必要が生じるなど，住宅費用と関係します。よって，「適切と認められる」考慮要素は②の人事異動ということになるわけですね。常に①，②，③のすべてを考慮するわけではな

いことに注意が必要です。

　ⓑ，ⓒは，条文だけ見るとルールに変更があったようにも思えますが，実は最高裁の判例の内容（前掲ハマキョウレックス事件・最二小判平成30・6・1労判1179号20頁〔→12.2.4〕，長澤運輸事件・最二小判平成30・6・1労判1179号34頁）を法律に明記しただけなのです。つまり，実質的なルールの変更はありません。ただ，判例の形で存在するよりも，法律に書いてあった方がわかりやすいですから，ルールの「明確化」がなされたと考えることができます。

（2）差別的取扱いの禁止

　以上に対し，ルールに実質的な変更があるのが，パート法9条からパート・有期法9条への改正です。

> パート・有期法9条　事業主は，①職務の内容が通常の労働者と同一の短時間・有期雇用労働者（第11条第1項において「職務内容同一短時間・有期雇用労働者」という。）であって，当該事業所における慣行その他の事情からみて，当該事業主との雇用関係が終了するまでの全期間において，②その職務の内容及び配置が当該通常の労働者の職務の内容及び配置の変更の範囲と同一の範囲で変更されることが見込まれるもの（次条及び同項において「通常の労働者と同視すべき短時間・有期雇用労働者」という。）については，短時間・有期雇用労働者であることを理由として，基本給，賞与その他の待遇のそれぞれについて，差別的取扱いをしてはならない。

　パート法9条は，①業務・責任，②人事異動の有無と範囲の2つが同一の場合，パートというだけで正社員と差をつけることを禁止していました（→12.3.2）。パート法の話であれば，所定労働時間が正社員より短い場合にしか適用されません。しかし，パート・有

期法９条になると，フルタイムかつ有期の労働者，つまり，いわゆる「契約社員」にも適用範囲が拡大します。もちろん会社ごとに様々ですが，パートに比べ，契約社員の方が正社員により近い働き方であることが多いのではないでしょうか。あくまで①②が同一という要件は変わりませんが，適用対象者が増加することになりますので，実務的には注意が必要ですね。

12.4.3 その他の改正点

　まず，使用者の説明義務が拡充されます。パート労働者や有期労働者が希望する場合は，正社員との待遇の相違について，その内容や理由等を説明することが使用者に義務付けられます（パート・有期法14条２項）。労働条件が違う「理由」について，という点がポイントです。義務はあくまで説明することなので，労働者の同意を得る必要はありません。しかし，理由が説明できないような違いであれば，「不合理な違いではないか」という予測が成り立ちます。つまり，裁判につながる可能性があるわけです。このルールは，単に説明が必要という話ではなく，パート・有期法８条や９条の実効性を高めようとする規定と位置付けられますので，注意が必要です。なお，当然のことですが，説明を求めたことを理由とする不利益取扱いは禁止です（同条３項）。

　次に，行政による働きかけも拡充されます。行政から企業に対する助言・指導・勧告などは，これまでパート労働者のみが対象で，有期労働者は対象外でした。労契法等に根拠となる規定がなかったためですが，パート・有期法によって，今後は有期労働者に関することも行政の働きかけが可能になりました（同法18条，24条等）。違反の是正や紛争解決がいっそう期待されます。

【参考　同一労働同一賃金】────────────────────

　今回の改正を「同一労働同一賃金（の実現）」と呼ぶことがあります。しかし，改正の内容は「労働が同一なら同一の賃金を払え」という文字通りの意味にとどまりません。賃金に限らず労働条件の全般にわたっていますし，労働が同一でない場合であっても，相違が不合理であればそれは許されません。「同一労働同一賃金」はいわばスローガンのようなものと考えるとよいでしょう。なお，「同一労働同一賃金ガイドライン」（平成 30・12・28 厚生労働省告示 430 号）は，待遇の相違が不合理になるか否かについて，原則となる考え方と具体例を示したもので，パート・有期法の施行とともに適用されます。実務的に必見の資料と言えるでしょう。

────────────────────────────────────

12.5　派遣労働者

12.5.1　労働者派遣の基本的な枠組み

（1）労働者派遣とは何か

　労働者派遣とは，派遣会社（派遣元と呼びます）が派遣労働者を雇用し，様々なユーザー企業（派遣先）に派遣するという形態です。派遣法（労働者派遣事業の適正な運営の確保及び派遣労働者の保護等に関する法律）によって規制されています。労働者派遣では，派遣労働者，派遣元，そして派遣先の三者が登場するのが特徴的です。この三者の法律関係は，以下の図 2 のようになっています。

　ポイントは，派遣労働者は派遣元と労働契約を締結しているということです。ですから，派遣労働者に対し，賃金の支払いなど使用者としての責任（いわゆる雇用責任）を負うのは派遣元です。労基

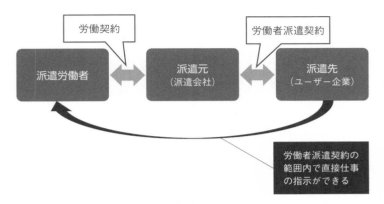

図2　労働者派遣の枠組み

法などの規制を受けるのも原則として派遣元です。ただ，事柄の性質上，派遣元と派遣先の両方が規制を受けること（ハラスメントの防止など），派遣先のみが規制を受けること（労働時間規制など。ただし36協定の締結は派遣元）も一部あります（派遣法44条以下）。

　そして，派遣先は，派遣元と締結した労働者派遣契約の範囲内で，派遣労働者に仕事の指示（指揮命令）ができます。派遣の枠組みを使うことで，派遣先は労働契約を結んでいない労働者に仕事の指示ができることになるわけですね。

　このように，指揮命令を行う会社が雇用責任（使用者としての責任）も負う「直接雇用」と異なり，指揮命令を行う会社と雇用責任を負う会社が異なる「間接雇用」であることが労働者派遣の特徴です。間接雇用であることによって生じるトラブルを防ぐために，派遣法（及び，同法の施行令，施行規則等）によって非常に細かい規制がなされています。

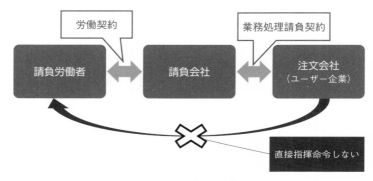

図3　業務処理請負の枠組み

（2）業務処理請負・偽装請負

　　労働者派遣と似ているのですが，注文会社が請負会社に仕事を発
注し，その仕事を請負会社が雇用している労働者（請負労働者）に
行わせるものの，注文会社が請負労働者に対して直接仕事の指示を
出さない（指揮命令をしない）場合，「業務処理請負」などと呼ばれ
ます（図3）。

　　注文会社が請負労働者の労働力を利用している点では労働者派遣
と似ていますが，指揮命令がない点が異なります。労働者派遣では
ない以上，当然のことですが派遣法の規制は適用されません。こう
した業務処理請負も，1つの事業（ビジネス）の形として否定され
るわけではありません。ただし，注文会社が請負労働者に対して指
揮命令を直接行っている場合は，実態は労働者派遣ですから，派遣
法の規制を守る必要が生じます（守らなければ派遣法違反です）。派
遣法の細かい規制を嫌って，実態は労働者派遣であるにもかかわら
ず，よく似た形態である業務処理請負であると嘘をつく（つまり偽
装する）ことを，偽装請負と呼んでいます。偽装請負は，特に偽装
請負禁止法という法律があるわけではありませんが，派遣法違反が

生じていることが法的に問題であるということですね。

12.5.2　労働者派遣に関する法規制

(1) 許可制・対象業務

　まず，労働者派遣を事業として行う場合は，行政（厚生労働大臣）の許可が必要です（派遣法5条）。また，一部の業務（港湾運送，建設，警備など）を除き，すべての業務で労働者派遣が可能とされています（派遣法4条。派遣できないものをリストアップしていることから，「ネガティブ・リスト」方式と呼ばれます）。

(2) 派遣可能期間

　派遣先が，自社の社員を派遣社員に置き換えて，雇用責任を免れようとすることを防ぐため（「常用代替の防止」という言い方もします），労働者派遣を利用できる期間には制限があります。

　まず，「個人単位の期間制限」として，同じ人が派遣先の同一の組織単位（要は同一の「課」）で派遣労働者として働ける上限は3年です（派遣法40条の3）。例えばAさんがB社の経理課に3年派遣されていたら，総務課など別の課へ移ればまた3年まで働けますが，B社の経理課で派遣労働者として働き続けることは許されません。

　もう1つ，「事業所単位の期間制限」として，派遣先の同一の事業所で派遣労働者を受け入れることも3年が上限とされています（派遣法40条の2）。ただ，これは派遣先がその事業所の労働者の過半数代表から意見聴取をすれば3年単位で更新が可能なので，実質的には制限になっていない面もあります。

　なお，以上の期間制限は，派遣労働者が派遣元と無期契約を締結している場合や，年齢が60歳以上の場合は適用されません（前者

は雇用が安定しているため，後者は雇用の促進が必要であるため，期間
制限がかからないと考えることができます）。

(3) 派遣労働者の雇用の保護

　派遣先が，仕事量の減少などを理由に労働者派遣を終了（派遣元
との労働者派遣契約を解約）した場合，派遣元はそれを理由に派遣労
働者を解雇（中途解雇）できるでしょうか（「派遣切り」とも呼ばれま
す）。理由がもっともであるようにも思えますが，実は違います。

　派遣労働者の労働契約は，派遣先への派遣期間と同じ長さに設定
される（つまり有期である）のが一般的であるため，主に契約期間
途中の解雇（中途解雇）の問題になります。派遣労働者も労働者で
すから，当然，中途解雇に関するルール（→ 12.2.1）が適用され，
中途解雇には「やむを得ない事由」（民法 628 条及び労契法 17 条 1
項）が必要となります。ここで重要なのは，労働者派遣契約が終了
したからといって，当然に「やむを得ない事由」があると判断され
るわけではないという点です（前掲プレミアライン事件・宇都宮地栃
木支決平成 21・4・28 労判 982 号 5 頁〔→ 12.2.1〕）。あくまで個別の
事案ごとに判断されます。その結果，中途解雇が許されなければ労
働契約が存続することになりますので，派遣元は契約期間の残りに
つき，休業手当（労基法 26 条→ 8.4）など経済的な保障を行わなけ
ればならない可能性があります。派遣労働者の保護につながるわけ
ですね。

　なお，派遣先にも，自らの都合で労働者派遣契約を解約する場合，
派遣元が派遣労働者に支払う休業手当分の費用の負担や，新たな就
業機会を確保することなどが義務付けられます（派遣法 29 条の 2）。

(4) 派遣労働者の雇用安定措置

　派遣元は，有期契約の派遣労働者が，派遣先の同一の組織単位（「課」）に3年間継続して派遣される見込みのある場合，「雇用安定措置」が義務付けられます。具体的には，①派遣先に直接雇用を依頼する，②他の新たな派遣先を提供する，③派遣元で無期雇用とする，④その他，特定の研修（新たな就業機会を提供するまでの間の有給の研修）等のいずれかが求められます（派遣法30条）。なお，①で形式的な依頼だけを行うといったことを防ぐため，直接雇用が実現できない場合は，さらに②〜④のいずれかの措置が必要とされています。

　また，派遣期間が1年以上3年未満の場合には，上記の雇用安定措置の実施は努力義務とされます（なお，派遣元での通算雇用期間が1年以上の場合は，上記②〜④のいずれかを行う努力義務を負います。以上，派遣法30条）。なかなか複雑ですが，派遣労働者が少しでも安定的に働き続けられるように，派遣元に責任を課しているわけですね。

(5) 直接雇用の申込みみなし制度

　「偽装請負」（→ 12.5.1）など派遣法に違反して派遣労働者を受け入れた場合，派遣先が派遣労働者に直接雇用の申込み（派遣先で雇用することの申込み）を行ったとみなされます（派遣法40条の6）。具体的には，派遣が禁止されている業務への派遣，無許可の派遣元からの派遣，派遣可能期間を超過した派遣，そして偽装請負の4つの場合です。「みなす」ので，たとえ派遣先が申込みを望んでいなくとも，法的には申込みを行ったと扱われます。

　このとき，派遣労働者が申込みを承諾すれば（つまり，派遣先の社員になりたいと希望すれば），派遣先と派遣労働者の間に労働契約

が成立します。これは，派遣先に対し雇用責任を負う可能性を突き
つけることによって，悪質な派遣法違反をなくしていこうという制
度です。そのため，派遣先が違法な派遣であることを知らず（善意），
かつ，知らなかったことに落ち度がなければ（無過失），申込みみ
なし制は適用されないことになっています。

12.5.3 派遣労働者と派遣先労働者の 不合理な相違の禁止

「働き方改革」において派遣法も改正され，派遣労働者について
も正社員との「不合理な相違の禁止」等（→ 12.4.2）が定められま
した。施行は 2020（令和 2）年 4 月 1 日です（パート・有期法のよう
な中小企業への猶予〔→ 12.4.1〕は特にありません）。

具体的には，①派遣元は，派遣先の通常の労働者（つまり派遣先
の正社員）と派遣労働者を比較して，待遇（労働条件）に不合理な相
違を設けてはならないとされます（パート・有期法 8 条に対応）。また，
派遣先の正社員と業務・責任が同一で，人事異動の有無と範囲も同
一と見込まれる派遣労働者については，正当な理由なく，待遇を派
遣先のその労働者より不利なものとしてはなりません（パート・有期
法 9 条に対応）。以上が派遣労働者の労働条件に関する原則であり，
「派遣先均等・均衡方式」と呼ばれます（派遣法 30 条の 3）。また，
比較するには派遣先の労働者の待遇に関する情報が必要になります。
そこで，派遣先には，業務・責任や人事異動の面から見て，派遣労
働者の比較対象となる自社の労働者の待遇に関する情報を派遣元へ
提供することが義務付けられます（派遣先の情報提供義務。派遣法 26
条 7 項，10 項以下）。

ただ，「派遣先均等・均衡方式」には，派遣先が賃金の高い会社

から低い会社に変わると，派遣労働者が経験を積んできているにも
かかわらず賃金が下がってしまう，といった弱点もあります。そこ
で，例外として，派遣元が労働者（派遣労働者及び派遣労働者以外の
派遣元の社員）の過半数代表と労使協定を締結し，その内容を遵守
することで，「派遣先均等・均衡方式」が適用されなくなります（派
遣法30条の4。「労使協定方式」と呼ばれます）。労使協定においては，
①厚生労働省が統計に基づき発表する，派遣労働者と同種の業務に
従事する一般労働者（要するに世間一般の労働者）の賃金水準と同等
以上の賃金を支払うこと，②派遣労働者の能力等が向上した場合に
は賃金も上げること，③上記①②による賃金決定の際，派遣労働者
の意欲や能力を公正に評価して賃金を決定すること，④賃金以外の
待遇について，派遣元の通常の労働者（正社員）と不合理な相違が
生じないようにすることなどを定め，実際に守らなければなければ
なりません。特に①によって，派遣労働者の賃金が（派遣ではな
い）一般労働者の賃金よりも低く抑えられているような場合は，賃
金の引き上げが必要になります。

　また，パート・有期法14条と同様に，派遣労働者が希望した場合，
比較対象となる派遣先労働者との待遇の相違について，その内容や
理由等を説明することが派遣元に義務付けられます（派遣法31条の
2）。理由を説明させるという点が，ルールの実効性を高めるための
ポイントでしたね（→ 12.4.3）。

　以上の改正は，派遣元にはもちろん，派遣先にも，原則である派
遣先均等・均衡方式では情報提供義務が生じ，例外である労使協定
方式では派遣労働者の賃金が上昇する場合に派遣料金の引き上げが
生じるなど，様々な負担が生じるものです。労働者派遣制度への影
響は小さくありませんが，派遣労働者の公正な待遇を実現し，より
納得して働けるようになることが目指されていると言えます。

第13章　労働者の安全と健康・労働災害

〈本章のポイント〉　職場が安全で衛生な環境が保たれるように，法律はどのような規制を行っているのでしょうか。また，仕事が原因で病気やケガになってしまったとき，誰が補償してくれるのでしょうか。本章では，安全衛生に関するルールと，いわゆる労災に関するルールを見ていきます。最後に，雇用に関するセーフティネットとして，雇用保険制度についても紹介します。

13.1　安全衛生

13.1.1　安全衛生に関する基本ルール

　安全で衛生的な環境で働けるということはとても重要です。そのため，労働安全衛生法（安衛法）という法律が，職場の安全衛生に関して総合的・多角的な規制を行っています。例えば，働き過ぎ（過重労働）やメンタルヘルス等の問題についても対応がなされています。また，安全・衛生という話の性質上，技術的な話や細かい話も多いので，具体的な規制については厚生労働省令である労働安全衛生規則（安衛則）等にゆだねられている部分も多いです。

　安全衛生に関しては，専門家である医師のアドバイス等が重要な意味を持ちます。そこで，安衛法は，一定規模以上の事業場について，使用者（事業者）に産業医を選任することを義務付けています（安衛法13条等。労働者数が49人以下：選任義務なし，50人〜999人：嘱託でも可，1,000人〜3,000人：専属1名，3,001人以上：専属2

名以上）。産業医の職務は，健康診断，それから後述する面接指導
やストレスチェック（→ 13.1.2）など，健康管理全般に関わること
です。前述した休職・復職の問題においても，産業医の判断が法的
に意味を持つことがあります（→ 5.4.2）。

　そして，職場における安全衛生管理体制を整えるため，職場（事
業場）の規模に応じて，安全衛生の責任者として総括安全衛生管理
者，そのサポートをする安全管理者，衛生管理者等の選任（安衛法
10条以下），安全委員会や衛生委員会の設置（安衛法17条以下。両方
を設置すべき場合は安全衛生委員会を設置すればよいとされています）
などが義務付けられています。

　また，労働者の健康を管理するために，健康診断の実施も義務付
けられています。採用時及び年1回以上実施する一般健康診断（安
衛法66条1項）が中心です。一定の有害業務従事者については特殊
健康診断（同条2項）も定められています。労働者には健康診断を
受診する義務がありますが（同条5項。ただし，違反しても罰則はあ
りません），使用者の指定する医師とは別の医師による健康診断を
受け，その結果を証明する書面を提出することでもよいとされてい
ます（医師を選択する自由を認めるということですね）。

13.1.2　過重労働・メンタルヘルス対策

　過重労働（働き過ぎ）の問題，そしてメンタルヘルス（精神面の
健康）の問題について，安衛法は次のような枠組みを定めています。

（1）医師による面接指導（過重労働への対策）
　まず，医師による面接指導の仕組みがあります（安衛法66条の8，
安衛則52条の2）。これは，週40時間を超える労働（つまり時間外労

働や休日労働）が合計で月 80 時間を超え，かつ，疲労の蓄積が認められる労働者について，本人が希望した（申し出た）場合，医師による面接指導の実施を使用者に義務付けるものです。要は，労働者と医師の面談をセッティングするということですね。

　そして，使用者は面接指導を行った医師から報告・意見を聴き，必要な場合には，作業の転換，労働時間の短縮など，適切な就業上の措置を講じなければならないとされています。措置を講じなかったとしても，安衛法上，罰則は特にありません。しかし，医師から例えば労働時間の短縮が必要という意見を聞いていたにもかかわらず，何もせずにいて過労死などの問題が生じた場合，ほぼ確実に安全配慮義務違反（労契法 5 条→ 2.6.2）が成立することになるでしょう。罰則はなくとも，非常に重い責任（多額の賠償責任など）が生じる可能性があります（→ 13.2.4）。そうならないように，医師の報告・意見に対して使用者がしっかりと対応することで，過重労働の改善が図られるわけですね。

　なお，前述したように，この面接指導をより適切に行わせる目的で，「働き方改革」で安衛法が改正され，使用者に労働者の労働時間の状況を把握することが義務付けられました（安衛法 66 条の 8 の3 → 9.1.2）。

（2）ストレスチェック

　次に，メンタルヘルス問題の早期発見・改善のため，社員 50 人以上の事業場について，医師，保健師等によるストレスチェックの実施が義務付けられています（安衛法 66 条の 10。なお社員が 50 人未満の事業場では実施が義務ではなく努力義務です）。チェックの結果，高ストレスと判定された労働者等が希望した場合，上記（1）と同じように医師による面接指導を実施する義務があります（面接指導

後の流れもまったく同じです）。

　メンタルヘルスの不調等による精神疾患の問題は，ケガや身体的な疾病と比べて，対応が困難な場合も少なくありません。そこで，このような早期発見のための枠組みが作られているわけですね。ただ，メンタルの問題はとてもデリケートな部分もあるので，ストレスチェックの結果は労働者に直接通知され，本人の同意なく使用者が結果を知ることはできません。さらに言えば，安衛法上，労働者にはストレスチェックを受検する義務はありません。したがって，使用者が受検を強制するのは NG ですが，制度を整えて，多くの労働者が受検するような環境を整えることが重要と言えます。

13.2　労働災害

13.2.1　労災保険制度の枠組み

　「労災（労働災害）」という言葉そのものは，おそらく聞いたことがあると思います。ここではまず，労災に関する用語（概念）について整理します。

　まず，①労働災害（労災）とは，労働者が仕事の上で被った負傷・疾病や死亡のことを言います。仕事をしていて遭遇した自然災害（地震や津波）のことではなく，あくまでも病気やケガのことです。

　次に，労働災害に対しては，②労災補償義務といって，使用者が過失の有無を問わず補償する義務があります（労基法75条〜）。一般に，人が何か法的な責任を負うときは，自分に過失（落ち度）や故意（わざと，ということ）があることが大前提です。しかし，労働災害については，たとえ使用者に落ち度がなくとも，つまり「無

過失」でも補償しなければならない点が大きな特徴です（この場合は「保障」ではなく「補償」ですね）。つまり，使用者は「無過失責任」を負っています。例えば「今回の従業員のケガは大変遺憾ですが，会社は予防に万全の対策をとっており落ち度はないので，法的責任はありません」とは言えないということです。

　そこで整備されているのが，③労災保険です。労災保険は，使用者の②労災補償義務を担保する保険であり，労働者災害補償保険法（労災保険法）によって定められています。②の労災補償義務は無過失責任なので，使用者がどんなに予防に努めても，労働災害が起こってしまったら責任が生じます。そうすると，民間の保険でカバーするのには限界があります（落ち度がなければ責任もないということなら，民間の保険でもよいかもしれません）。また，使用者にお金（資力）がなくて補償ができないという事態も困ります。

　このような理由から，公的な保険（社会保険）として，労働者を使用する会社及び個人（全事業主）に強制適用されるものとして整備されているのが，労災保険です（労働者が加入できるお得な保険ではなく，あくまでも使用者のための公的な保険です）。労災保険料は全額を使用者が負担することとされています（他の社会保険料には労働者と使用者がそれぞれ負担するものが多いです）。また，「メリット制」といって，過去 3 年間の給付額に応じて保険料率を増減させる制度が採られています。要するに，労災が発生したら労災保険料が上がるので，労災の防止に努めるインセンティブとなるわけです。

　最後に，労基法と労災保険法の関係について，重要な点を述べておきます。上で見たように，労災補償義務は，もともと労基法に根拠があり，それを担保するために労災保険法があります。しかし，労災保険法によって（例えば治療費などの）保険給付が行われるべき場合，使用者は労基法上の補償責任を免れることになっています

（労基法84条1項）。要するに，労災補償の中心は，労基法ではなく労災保険法（労災保険制度）が担っているわけですね。

13.2.2　労災保険給付が行われるまで

　労災保険法によってなされる給付（労災保険給付）には，治療に関する「療養補償給付」，仕事ができなかったときのための「休業補償給付」，病気やケガが一定の症状に該当する場合の年金形式の給付等，様々なものがあります。例えば休業補償給付は，平均賃金（→8.4等）相当額の「給付基礎日額」（労災保険法8条）の6割をベースに，2割が休業特別支援金として加算され，休業前の8割が支給されます（労災保険法14条，29条等）。これなら，ある程度は安心して休業できそうですね。なお，本人が亡くなった場合には遺族に対する年金形式の給付もあります。

　労災保険法による給付が行われるのは，労働者の負傷，疾病，障害，死亡等が「業務上」のもの，つまり「業務災害」と認められる場合です（労災保険法7条1項1号）。当然の話かもしれませんが，仕事と関係なくケガや病気になった場合には，給付を受けることはできません。

　また，通勤中は仕事中ではありませんから，通勤中に負ったケガなどは，業務上のものではありません。しかし，「通勤災害」というカテゴリが作られており（労災保険法7条1項2号，7条2項以下），通勤中のケガ等についても給付が行われます。なお，労災保険法における「通勤」とは，労働者が，就業に関し，住居と就業場所との間の往復や，単身赴任の場合等の住居間の移動，兼業の場合の就業場所間の移動を，合理的な経路及び方法により行うことです（法的には必ずしも最短経路でなくとも構いません）。

　労災保険の手続は，労働基準監督署（労基署）が担当します。労基署に行き，労働災害に遭った労働者が（本人が亡くなっている場合は遺族が）労働基準監督署長宛てに申請をします。申請を受けた労基署では，調査を行い，業務上のものと認められる場合は保険給付の支給決定，認められない場合は不支給決定を労基署長名で行います。病気やケガが業務上のものか否か迅速に判断しなければならないので，行政が通達の形で細かい基準（認定基準）を策定し（→【参考】），全国の労基署で認定基準に基づき判断がなされています。

【参考　労災の認定基準】────────────────────

　認定基準は，大きく次の2つが重要です。まず，過労死認定基準と呼ばれる基準として，「脳血管疾患及び虚血性心疾患等（負傷に起因するものを除く。）の認定基準について（平成13・12・12基発1063号）」があります（基発とは労働基準局長名で出された厚生労働省の通達です）。ポイントは，時間外労働が，発症前1か月間に100時間を超える場合，または，発症前2～6か月間に1か月あたり80時間を超える場合，原則として労災に当たると定めている点です。

　次に，メンタル面に関しては，「心理的負荷による精神障害の認定基準について」（平成23・12・26基発1226第1号）があります。この基準は，①対象となる精神障害を発病し，②発病前おおむね6か月間に業務による強い心理的負荷が存在し，③業務以外の理由（業務以外の心理的負荷及び個体側要因）で発病したわけではない場合，原則として労災に当たるとしています。上記②の「業務による強い心理的負荷」に当たるか否かについては，「業務による心理的負荷評価表」が作成されています。この評価表は心理的負荷の強度をⅠ，Ⅱ，Ⅲにランク付けしており，例えば「上司とのトラブルがあった」はⅡ，「（ひどい）嫌がらせ，いじめ，又は暴行を受けた」はⅢなどとされています。総合評価で，心理的負荷が弱・中・強で「強」の場合に②を満たすとされています。

　不支給決定に不服がある場合，これは行政の決定ですから，審査や再審査を求める手続が置かれているほか，最終的には行政訴訟で争うことができます。行政（国・労基署長）を相手に訴訟を起こし，不支給決定の取消しを求めるわけです。そのため，労働災害の分野では，「国・○○労基署長事件（○○には労基署の名称が入ります）」という判例が数多く見られます。

　なお，不支給決定が訴訟で争われた場合，先に挙げた認定基準を満たしていない場合であっても，裁判所は労災であると認めることがあります。少し不思議な気もしますが，通達はあくまで行政の内部基準であって，裁判所を拘束する力がないため，そのようなことも起こりうるわけです（→ 1.2.2）。

13.2.3　「過労死」・「過労自殺」の問題

　労災に関する具体的な問題として，①過労死，②過労自殺の問題があります。

　①過労死は，働きすぎで心筋梗塞などを発症し，死に至るケースが典型例です。健康状態にまったく何も問題がなかったというより，労働者に動脈硬化や高血圧などの症状（「基礎疾患」と呼びます）があることが多いようです。そのため，死亡の原因が業務（過労）にあるのか，基礎疾患にあるのかが争点になることがあります。もともと体が悪かった（基礎疾患があった）から病気になったのでは，ということですね。

　法的には，業務による過重な負荷が，基礎疾患を「自然の経過を超えて」増悪させて発症に至った場合，過労死が業務上のものであるとされます。つまり，基礎疾患が自然に悪くなって発症した場合は労災ではありませんが，仕事のせいでぐっと悪くなって発症した

場合は，労災として保険給付の対象となるわけです。

　②過労自殺は，働き過ぎでうつ病などの精神疾患を発症し，自殺
に至るケースが典型例です。過労自殺においても，自殺の原因が業
務（過労）にあるのか，業務以外（私生活）での心理的な負担や本
人の性格など個体側の要因にあるのかが争点になります。労働者の
選択（故意）による死亡であれば，（当然のことながら）保険給付の
対象とはなりません。

　法的には，自殺であっても，業務（過労）とうつ病等の精神疾患
の間に因果関係（原「因」と結「果」の関係）があり，精神疾患と自
殺の間にも因果関係があると認められる場合，自殺が業務上のもの
であるとされます。つまり，「業務（過労）→うつ病等の精神疾患
→自殺」と因果関係がつながる場合，その自殺は労働者の選択（故
意）ではなく，業務が原因であると判断されるということです。

　過労死ももちろん深刻な問題ですが，どちらかといえば中高年に
多く見られるようです（若いうちは，基礎疾患があまり多くないから
かもしれません）。他方，過労自殺は，若い世代も含め，まさに世代
を問わず発生しています。自分には関係ないと思わず，心身両面の
ケアに気を付けるように心がけてください。

13.2.4　民法上の損害賠償と労災保険（労災民訴）

　以上に加えて，労働災害に遭った労働者側（本人または遺族）が，
使用者に対し損害賠償を請求することがあります（「労災民訴」と呼
ばれます）。まず考えるべきは，労災保険給付のほかに，損害賠償
を使用者に請求する意味はどこにあるのか，という点です。これは，
労災保険制度が定型的な制度であることが関係しています。労災保
険は，全国の労基署で大量の案件が処理されるため，給付などが定

型的に作られており，例えば精神的損害（慰謝料）は対象外です。
1件ごとに，その労働災害によって労働者がどの程度精神的に傷つ
いたかを判断し，給付をするということは想定されていません。つ
まり，労働災害から発生する様々な損害の中には，労災保険でカバ
ーされない部分もあることになります。ここに使用者に対して損害
賠償を請求する実質的な意味があります。

　損害賠償を請求する場合，法的根拠は「安全配慮義務」（労契法5
条）です（→ 2.6.2）。労働者は，使用者に安全配慮義務違反などの
義務違反があると主張し，債務不履行があった（あるいは不法行為
が成立する）として損害賠償を求めることになります（電通事件・最
二小判平成12・3・24民集54巻3号1155頁（百選48））。裁判では，
使用者は安全配慮義務として具体的に何をすべきだったのか（例え
ば業務の軽減措置等を行うべきだったのか），そして，それを怠ったの
か（軽減措置等を取らず，義務違反だったと言えるのか）が争われます。

　なお，労災保険給付は，民法上の損害賠償との調整がなされます。
労基法84条には，使用者が労基法上の労災補償を行った場合，そ
の分だけ民法上の損害賠償責任を免れるとあります。ここで，労基
法上の補償の代わりとして労災保険給付がある以上，労災保険給付
が行われる分だけ，損害賠償責任もなくなると考えるわけです（厳
密には労基法84条に直接書かれている話ではないので，同条の類推適用
〔→ 12.2.3〕と考えます）。結論はとても当たり前の話で，例えば治
療費を労災保険から給付され，使用者からも損害賠償として受け取
るという，いわゆる「二重取り」はできないということですね。

13.3 雇用保険制度

　雇用保険制度とは，雇用保険法に基づき，労働者の失業に対する給付や前述の育児（介護）休業給付（→ 10.2.1）などを行うことを中心とした制度です。保険料は，使用者側のみが負担する労災保険制度と異なり，基本的に労働者・使用者が折半して負担します。

　失業とは，労働者（雇用保険では「被保険者」に当たります。保険者は国です）が離職し，労働の意思及び能力を有するにもかかわらず，職業に就くことができない状態にあることです（雇用保険法 4 条 3 項）。単に仕事に就いていないというだけでなく，労働の意思もなければならないということですね。

　給付には様々なものがあります。手続は主にハローワーク（公共職業安定所）が担当することになっていますので，制度の詳細については Web サイトで調べたり，直接問い合わせたりしてみるとよいでしょう。

第14章 労働者の人権の保障・雇用差別

〈本章のポイント〉 働く上で労働者の人権が侵害されないように，労基法はどのような規定を置いているのでしょうか。また，人権とも関連しますが，性による差別を規制するルールとして，有名な均等法があります。この章では，人権保障，差別禁止の観点から，労基法や均等法の重要な規定を見ていきます。最後に，障害者の差別の禁止についても紹介します。

14.1 労働者の人権の保障

14.1.1 不当な人身拘束の禁止

　労働者の人権を保障するため，労基法が様々な規定を置いています。その中で，労働者が不当に拘束されることがないようにするための規定として，以下の5つが挙げられます。いずれも重要なルールではありますが，当然のこと，という面もあるため，③を除くと，直接，紛争になったり，解釈が問題になったりする例は多くありません。そこで，ごく簡単に紹介するにとどめます。

① 強制労働の禁止（**5条**）
② 契約期間の制限（**14条**）
③ 違約金・賠償予定の禁止（**16条**）
④ 前借金相殺の禁止（**17条**）
⑤ 強制貯金の禁止（**18条**）

①強制労働の禁止（労基法5条）は，その名の通り，労働者を奴隷のように働かせることは絶対にいけないということです。

②契約期間の制限（労基法14条）は，第12章で学んだように，有期労働契約（有期契約）の上限は原則3年ということです（→ 12.2.1）。有期契約は，その期間中，労働者・使用者を拘束する度合いが強いため，例えば30年契約などは許されないということですね。

③違約金・賠償予定の禁止（労基法16条）は，使用者による労働者の足止め，すなわち，労働者が退職する場合などにお金（違約金等）を払わせることで退職をやめさせようとすることを禁止しています。実際には，留学制度などとの関係で問題になる例が見られます。

例えば，留学費用を使用者が負担する形で，労働者が海外の大学などに留学できるという制度を設けている場合，留学終了後すぐに転職されては大変です。そこで，留学後の一定期間はその会社に勤め続けなければならないと定め，もし，その期間が過ぎる前に辞める場合は，留学費用を返還するものとする仕組みが一般に取られています。

このような仕組みも，一見すると労働者の「足止め」に当たります。判例は，留学が会社の業務と強く関連する場合は（つまり留学の「業務性」が強ければ），費用の返還を義務付ける定めは労基法16条に反する違法な「足止め」に当たり許されない，という立場です（長谷工コーポレーション事件・東京地判平成9・5・26労判717号14頁（百選11））。逆に，留学の業務性が弱ければ，費用の返還について定めても労基法16条違反ではないということです。キーワードは留学等の「業務性」ということですね。

④前借金相殺の禁止（労基法17条）は，働く前に労働者やその

家族が使用者から借金をしたとき，その借金の返済を賃金との相殺によって行うことは許されないということです。いくら働いても実際には賃金が支払われないからですね。なお，前借金以外の相殺についても，労基法24条によって原則として禁止されています（→8.3.2）。

⑤強制貯金の禁止（労基法18条）は，その名の通り，貯金の「強制」は禁止ということです。使用者が貯金の払戻しをしないことで，労働者を足止めするなどの弊害があるためです（なお，労働者が任意に利用できる貯金制度であれば，当然ですが禁止ではありません）。

14.1.2　中間搾取の排除

中間搾取とは，労働者と使用者の間（中間）に入って，例えば労働者から紹介料を取って使用者に紹介するといった搾取を行うことであり，労基法によって禁止されています（労基法6条）。なお，労働者派遣（→12.5）や，有料の職業紹介（→4.1.1）は，それぞれ法律で制度化されており，違法な中間搾取とは区別される（法的に許される）ことになります。

14.1.3　公民権の保障

公民権の保障とは，選挙や住民投票など公民権を行使したり，裁判員のような公の職務を行ったりするために仕事を抜けることを保障するルールです（労基法7条）。特に裁判員としての職務は，ある程度の長期間に及ぶこともあります。しかし，使用者は，労働者が裁判員の職務のために仕事を抜けたり休んだりすることを拒否してはなりません。なお，労働者が仕事を抜けている（労働をしていな

い）時間は，就業規則等に特段の定めがなければ，ノーワーク・ノーペイの原則（→8.1.2）があてはまり，無給で構わないことになります（ただ，裁判員については有給の裁判員休暇を設けている会社もあるようです）。

14.2　労基法における「平等原則」

14.2.1　均等待遇

　14.1 では労働者個人の人権に注目した規定を紹介しましたが，ここからは，他の労働者と平等に扱われる（つまり差別されない）という視点から労働者を守る規定について見ていきます。

　労基法は，国籍，信条，社会的身分を理由として労働者を差別することを禁止しています（**労基法 3 条**）。信条とは「思想」や「考え方」のことです。社会的身分とは「出身地」などの社会的属性で，生まれつきのもの（生来的なもの）を言います。ですから，「非正社員であること」は一見「身分」のようでもありますが，**労基法 3 条**に言う社会的身分とは異なります。

　労基法 3 条に違反した差別が行われた場合，第 1 に，使用者に労働基準監督署（労基署）による指導や取り締まりが行われ，場合によっては刑事罰の対象となります（**労基法 119 条**→2.2.3）。第 2 に，違法な差別が不法行為に当たるので，労働者は使用者に対し慰謝料などの損害賠償請求が可能です（**民法 709 条**）。また，違法な差別を定めた就業規則の規定などは無効とされます。

14.2.2　男女の賃金差別の禁止

　労基法は，女性であることを理由とする賃金差別を禁止しています（労基法4条）。女性を不利に取り扱うことはもちろん，有利に取り扱うことも許されません。また，賃金以外の様々な差別については，後で見る均等法がカバーしています。賃金は非常に重要な労働条件であるため，労基法が直接規制していると考えればよいでしょう。なお，女性であること「のみ」を理由とする差別なので，担当している仕事が違うために賃金が違うという場合は，労基法4条の問題にはなりません（ただし，違う仕事を担当させることが均等法に違反する差別に当たれば，別途，均等法違反の責任が使用者に生じる可能性があります→14.3.1）。

　労基法4条に違反した賃金差別が行われた場合，上で見た労基法3条の場合と同様，労基署による指導や取り締まり，女性労働者による損害賠償請求（男性労働者との賃金の差額分が損害ですね）などが考えられます。

14.3　男女雇用機会均等法

14.3.1　性別による差別の禁止

　性による差別を禁止する基本的なルールが均等法です。正式名称は「雇用の分野における男女の均等な機会及び待遇の確保等に関する法律」と長いので，一般に略称で呼ばれます。均等法違反に対しては，労働局（→2.2.3）が指導等を行うことになっています（均等法17条，29条等）。なお，均等法は以下で述べる差別の禁止のほか

に，セクシャルハラスメント等の防止についても定めていますが，
ハラスメントについては第6章でまとめています（→ 6.2）。

　さて，均等法は，以下にまとめた雇用の様々なステージ（場面）
について，性による差別を禁止しています（**均等法5条，6条**）。

> 募集・採用
> 労働者の配置・昇進・降格・教育訓練
> 福利厚生
> 職種及び雇用形態の変更
> 退職勧奨・定年・解雇・労働契約の更新

　入社してから退職・解雇に至るまで，ということがわかりますね。
なお，女性であることを理由に有利に取り扱うことも，男性に対す
る差別に当たるので，原則として許されません。以前の均等法は
「女性であることを理由として，男性と差別的取扱いをしてはなら
ない」といった規定だったのですが，現在では「性別を理由として，
差別的取扱いをしてはならない」といった規定になっています。つ
まり，女性に対する性差別だけでなく，男性に対する性差別も禁止
しているということですね。

　以上は，まさに性別を理由とした直接的な差別（直接差別）の話
です。これに対し，労働者の性別は関係ないように見えて，実質的
には性別を理由とする差別となるおそれがあるようなことを，「間
接差別」と呼んでいます。

> ◇均等法が禁止する「間接差別」の3つの類型
> ①　募集・採用時に，一定の身長・体重・体力を要件とすること
> ②　募集・採用，昇進，職種の変更に当たって，住居の移転を伴う
> 　　配置転換に応じることを要件とすること

③ 昇進に当たり別の事業場への配置転換の経験があることを要件
とすること

　ただ,「間接」でよいとすると, 差別とされる範囲がわかりにく
くなる可能性もあります。そこで, 均等法は, 上のような具体的な
3つの措置について, 合理的な理由がなければ行ってはならないと
しています (均等法7条, 均等法施行規則2条)。

　①は一番わかりやすいですね。例えば, 労働者を募集するときに
「身長175cm 以上」という条件を付けても, 直接的には性別の話
ではありません。しかし, どう考えても女性に不利になるのは明ら
かです。

　②, ③は関連しています。これは, まだまだ女性が家事や育児,
介護などのいわゆる家庭責任を負うことが多く, 配転 (特に転勤)
に応じることが難しいため, 配転を要件にすると女性に不利になる
おそれがあるということです。

　ただし, 上でも述べたとおり, 合理的な理由があれば①〜③は差
別ではありません。175cm の身長が必要な仕事は, 一般的な企業
ではなかなか想像できないですが, ②, ③については, 例えば全国
展開している企業で, 配転を通して様々な地方で経験を積むことが
仕事に必要であると言えるならば, 合理的と解釈できそうです。理
由を問わずに禁止ということではありませんので, 注意してくださ
い。

14.3.2　女性労働者に関するその他の規定

以上のほか, 女性労働者に関する重要なルールが2つあります。
1つは, ポジティブ・アクションです (均等法8条)。これは, ある

一定の場合に，女性を男性よりも優遇することを「ポジティブ・ア
クション」として法的に認めることです。前述（→ 14.3.1）のよう
に女性の優遇も原則として違法なので，こうしたルールが意味を持
ちます。例えば，職場に女性労働者の数が少なければ，そもそも男
女の平等をイメージすることさえ難しいです。そこで，まずは優先
して女性を採用・配置することを認め，女性労働者の数が増えたら，
今度は原則通り平等に取り扱う，ということですね。

　もう１つは，結婚，妊娠，出産等を理由とする不利益取扱いの禁
止です（均等法９条）。例えば，妊娠中及び出産後１年以内の解雇は，
妊娠，出産が解雇の理由ではないことを使用者が証明しない限り，
無効とされます（解雇が原則無効という，かなり強い規制です）。

14.4　障害者雇用

　本章の最後に，障害を持つ労働者に対する差別の禁止などについ
て見ていきます。障害者雇用促進法（障害者の雇用の促進等に関する
法律）が重要な役割を果たしています。

　まず，職場において障害者を差別することは，障害者雇用促進法
によって禁止されています。能力の違いを理由として，障害者以外
の労働者と異なる取扱いをすること（例えば作業スピードが違うこと
を理由に待遇に差を設けること）は許容されます。しかし，「障害者
だから」という理由で異なる取扱いをすることは許されません（障
害者雇用促進法 35 条）。

　次に，障害者に対しては，使用者は「合理的配慮」を提供する義
務があります（障害者雇用促進法 36 条の 2）。例えば，車椅子の労働
者のためにスロープを設置したり，知的障害がある労働者に対して，

文字だけではなく，絵解きなどによって説明したりすることなどが
挙げられます。これらは，使用者に「過重な負担」を及ぼすときは，
例外的に提供義務を負わないものとされています。ただ，逆に言え
ば，過重な負担にならない限り，合理的配慮を行う義務が使用者に
あるということなので，この点をよくおさえておきましょう。実際
には，労働者とよく話し合って，必要な配慮の内容を検討していく
ことになると思われます。

　最後に，法定雇用率制度と言って，一定規模以上の企業等は，法
定雇用率に達するまで障害者を雇用しなければならず，法定雇用率
を達成できない場合は障害者雇用納付金を国に納め，達成した場合
には障害者雇用調整金等を受給できるという制度があります。直接
的に障害者の雇用を義務付けるというよりは，納付金制度を通して
その雇用の促進を図るという制度です（法定雇用率は，2019（令和
元）年10月現在，国・自治体などで2.5%，一般企業は2.2%です）。

第15章　労働組合・団体交渉・労働協約

〈本章のポイント〉　この章から「労使関係法」について学びます。「雇用関係法」と並ぶ労働法の二大分野です。労使関係法では，労働組合と使用者の「団体交渉」が中心となります。この団体交渉のルールを中心に，その前提となる労働組合の運営に関する法律問題，交渉の結果として締結される労働協約のルールについて見ていきましょう。

15.1　労働組合に関する基本ルール

15.1.1　「労働組合」とは何か

労働組合については，第3章でもイメージを作ってもらいました（→ 3.3）。一言で言えば，労働者が使用者と交渉するために集まった団体が，労働組合です。労働者一人ひとりは弱いので，団結することで使用者と交渉する力（交渉力）を高めるというのが，労働組合が作られる最も基本的な理由でしたね（→ 3.3.1）。

労働組合については，「組織率」と言って，労働者のうち組合員の占める割合に関する統計があります（厳密には「推定組織率」です）。組織率は，第二次世界大戦の直後など，50%程度の時代もあったのですが，徐々に低下を続け，最近では約17%と2割を切っています。もっとも，会社の規模による差も大きく，社員数1000人以上だと40%前後ですが，100 〜 999人だと10%前後，99人以下だと1%を切っています（毎年発表される厚生労働省「労働組合基礎調査」より）。

労働組合は決して「当たり前」に存在するわけではなく，ない会社で働く人の方がはるかに多いこと，そして，中小企業では労働組合が存在する会社が少ないことなどが読み取れますね。

　このように労働組合に加入している人の数はだいぶ少なくなっているものの，労働組合には様々な可能性があると言えます。第1章で学んだ通り，労働組合法（労組法）が，労働組合の活動をサポートしています（→ 1.1.3）。具体的には，労働組合と使用者の交渉（「団体交渉」と呼びます）の保護が中心です。そして，交渉がしっかりできるように，労働組合を作ること（団結），労働組合が様々な活動をすること（団体行動）を保護しています。太字にした「団体交渉」「団結」「団体行動」に着目すると，労組法は，**憲法28条**が保障する団結権・団体交渉権・団体行動権のいわゆる労働三権（労働基本権）を具体的に保障していることがわかります。そして，実は，団体交渉や団体行動が「権利」として法的に認められているのは，世の中で労働組合だけです。労働組合は法的にとても特別な存在であると位置付けられているわけですね。

15.1.2　労働組合が保護される要件

　実は，職場で団体を作って「労働組合」と名乗ること自体は自由にできます。設立は自由ということです。憲法による基礎的な保護があるため，活動することも不可能ではありません。しかし，「労働組合」である以上，やはり労働組合法で保護されることに意味があります。労組法の要件を満たすと（言い換えれば，労組法上の労働組合の定義に該当すると），労組法によって作られている不当労働行為の救済手続（→ 16.3.1）などを使うことができるようになり，保護がぐっと充実します。

　労組法上の労働組合の要件は，労組法所定の下記①～⑤の要件を
満たしていることです（①～④が労組法2条，⑤が労組法5条）。そし
て，労働委員会という行政機関に不当労働行為の救済を求める場合
などは，労働委員会の資格審査（労組法5条1項）を受けて，要件を
満たしていると認められる必要があります（労働委員会については，
16.3.1で紹介します）。

◇労組法上の労働組合の要件
① 　主　　体　（「労働者」が主体となっていること）
② 　自主性　（自主的な団体であること〔つまり，使用者から独立してい
　　　　　　　ること〕）
③ 　目　　的　（労働条件の維持改善等を図ることを主たる目的としている
　　　　　　　こと）
④ 　団体性　（団体または連合団体であること）
⑤ 　民主性　（法所定の事項を記載した組合規約が作成されていること）

　要件に関して法的に問題になるものがあるとすれば，②「自主
性」の有無です。というのも，上記①～⑤の要件のうち，「自主性」
の有無だけ，抽象度が高いからです（ある団体が「自主性」を持って
いるかどうかは，一見しただけではわからないですよね）。そこで，労
組法は，自主性が「ない」とされる場合を具体的に示すという形を
とっています。ⓐ使用者の利益代表者（簡単に言えば部長など上級の
管理職）が参加している場合（2条但書1号→【参考】），あるいは，
ⓑ使用者からの経費援助を受けている場合（2条但書2号）です。

　ⓐは，使用者側と言えるような偉い上司が組合にいると，組合員
がその人の意見を気にするようになり，結果として使用者に対する
自主性が失われるということです。ⓑは言うまでもなく，組合がお
金をくれる相手（使用者）の言うことを聞いてしまい，自主性が失

われるということですね。

【参考　管理職と労働組合】─────────────────────

　多くの企業別労働組合では，組合員が社内で一定以上の地位に昇進（つまり出世）すると，労働組合から脱退するという扱いがとられています。なぜかというと，労働組合の「自主性」が関係しています。組合員に使用者の利益代表者が混じっていると，労組法の保護が受けられなくなるかもしれない，それでは大変だということで，利益代表者に当たる可能性のある人は組合から抜けてもらいましょう，ということです。

15.1.3　組合自治の原則

　労働組合は，組合自治の原則と言って，組合規約（組合運営のルール）を定め，その規約に基づき運営するのであれば，広く自治が認められています。例えば，組合員は組合の規約や組合の判断，決定等に従う義務がありますし，組合のやることにいちいち行政が口を出すこともありません。さらに言えば，組合員の範囲を正社員のみにするのか，非正社員も含むのかは自治の問題として各組合が決めて構いませんし，規約に基づくものであれば，組合員に対し不利益処分を行うことも可能です（使用者が行う場合は懲戒処分ですが，組合の場合は「統制処分」と呼ばれます。組合費の滞納を理由に除名する例などがあります）。

　ただし，自治の原則があるとは言っても，限界（例外）はあります。例えば組合の委員長が個人的な好き嫌いで組合員を除名するなど，処分が濫用的な場合は，自治の範囲外として法的に無効とされます（公序違反に当たるとされます→ 1.2.4）。

【設例 15-1】　Y 社は，同社の社員の過半数が加入している企業別労働組合（A 組合）との間に，「本組合の組合員でない者は，原則として解雇する」旨のユニオン・ショップ協定を締結している。A 組合の組合員 X は，同組合の運動方針に不満を感じたため，A 組合に対し規約の定めにしたがって脱退届を提出した後，社外のユニオン（B 組合）へ加入した。① A 組合が X の脱退を認めないことは許されるだろうか？　② A 組合の求めを受け，Y 社がユニオン・ショップ協定に基づき X を解雇した場合，この解雇は有効だろうか？

15.1.4　脱退の自由

　労働組合の組合員には，組合からの脱退の自由が認められています。組合の承認を要件とするなど，脱退を制限する組合規約は法的に無効です（公序違反に当たるとされます→ 1.2.4）。ただし，脱退の有無を明確にするため書面による届出を要件とするなど，脱退そのものを制限しない取扱いは自治の範囲内として有効です。設例15-1 の①では，A 組合が脱退を認めないことは許されず，X は法的に A 組合を脱退したことになります。

　なお，脱退の自由と組合自治は，一体（いわば表と裏）の関係にあります。いつでも組合を脱退できるのだから，組合にとどまる限りは組合に従わなければならないということです。脱退の自由があるからこそ，広い自治が組合に認められているわけですね。

15.1.5　ユニオン・ショップ

　設例 15-1 で出てきたユニオン・ショップとは，使用者と労働組合の間で，加入資格があるにもかかわらずその組合に加入しない

（あるいは除名された，または脱退した）労働者を解雇する旨の協定を結ぶことです。その協定をユニオン・ショップ協定と呼んでいます（なお，協定と呼ばれますが，法的には労使協定（→ 2.2.2）ではなく労働協約と位置付けられます（→ 15.3））。ユニオン（union）は労働組合のことです。ショップ（shop）には「お店」以外にも「職場」や「仕事」といった意味がありますので，労働組合と仕事が結び付いていること，ぐらいにイメージするとよいでしょう。

　ユニオン・ショップは労働組合の6割超で行われており，大企業ほど実施割合が高いと言えます（厚生労働省「労働協約等実態調査」）。組合側のメリットとして，「ユニオン・ショップだからうちの組合に入った方がいいよ」などと組合員を勧誘しやすい，つまり組織を拡大強化しやすいことが挙げられます（ほかにも労働組合は存在しうるのですが，ユニオン・ショップの組合の方が組織を拡大しやすいのは否定できないでしょう）。使用者側のメリットとしては，ユニオン・ショップを通してその組合に多くの労働者が加入することで，その組合と話をすればよいという場面が増え，やりやすくなるということがあります。あくまで使用者側から見た「安定」ではありますが，労使関係が「安定」する面があるわけですね。

　法的には，ユニオン・ショップ協定に基づく解雇は原則として「有効」です。解雇権の濫用（労契法16条）ではないと評価されます。第7章で学んだように，一般に解雇規制は厳しいと言えるわけなので（→ 7.2），解雇が原則有効というのはかなりの特別扱いです。労働法の中で，労働組合が特別に扱われていることがわかりますね。

　ただし，原則に対する例外として，他の労働組合に加入している労働者に対する解雇は「無効」です。設例のように脱退や除名の後でユニオン（→ 3.3.2）など他の労働組合へ加入した場合や，中途入社などで入社前から他の組合に所属していた場合などがありえま

す。これらの場合に解雇を有効としてしまうと，その労働者は，入った会社でユニオン・ショップを行っている組合にしか入れないことになります。つまり，組合をまったく選ぶことができなくなってしまい，その労働者の権利（団結権）を制限しすぎてしまうことになるからです（三井倉庫港運事件・最一小判平成元・12・14 民集 43 巻 12 号 2051 頁（百選 82））。設例 15-1 の②では，X に対する解雇は例外にあてはまり，解雇権濫用で無効となります。

　この例外ルールがあるため，ユニオン・ショップであっても，社内に第 2，第 3 の労働組合（少数組合）が存在することがありえます。結局，ユニオン・ショップに基づく解雇が有効となるのは，どの労働組合にも属していない労働者に限られるということです。（そのため，ユニオン・ショップの解雇が実際に行われることはほとんどないと言ってよいでしょう）。

15.1.6　チェック・オフ

　チェック・オフとは，使用者が労働組合の組合費を組合員の賃金から天引き（控除）し，労働組合へ引き渡すことです。使用者に法律上の義務があるわけではなく，労働協約の定めに基づき行われるのが一般的です（その定めをチェック・オフ協定と呼びます。ユニオン・ショップ協定と同じく，協定と呼ばれますが法的には労働協約です）。

　労働組合は，本来，組合費を組合自身で集めるわけですが，企業別組合の場合，天引きで使用者に集めてもらえれば，手間が省けて助かります。使用者による一種のサービスともいえるわけですね。

　なお，組合員個人が，組合と対立するなどの理由でチェック・オフの中止を使用者に申し入れた場合，天引きの法的な理由がなくなるため，その組合員についてはチェック・オフを中止しなければな

らないと解されます。

15.2　団体交渉

15.2.1　団体交渉の基本ルール
義務的団交事項と誠実団交義務

　労働組合と使用者の交渉を団体交渉（団交）と言います。組合員全員で交渉に行くのは人数的にも難しい場合が多いので，実際には執行部などの代表者を通じた交渉となります。

　労働組合には団体交渉の権利（団体交渉権）が認められています。具体的には，義務的団交事項（下記①）について組合が使用者に団交を申し入れた場合，使用者は誠実団交義務（下記②）を負い，正当な理由がなければ団交を拒否することができません。義務的団交事項と誠実団交義務は，どちらも条文には書かれておらず，労組法（7条2号）の解釈から導かれる重要な概念です。条文にない分，しっかりとおさえておきましょう。

　①　義務的団交事項とは，以下の③または⑥にあてはまり，かつ，使用者が支配・決定できる事項です。

> ③　労働条件その他の組合員の待遇に関する事項
> ⑥　労使関係の運営に関する事項

　まず③は，組合員の労働条件に関する事項ですね。賃金や労働時間といった典型的な労働条件はもちろん含まれます。しかし，それらにとどまらず，個別の組合員に対する人事，懲戒，解雇などの案

件も，解雇などの基準（広い意味では労働条件に関する基準）があり，
その基準をどうあてはめるか，という話なので，ⓐに含まれうるこ
とに注意が必要です。「個々人のことは団交とは関係ない（団交で
は取り上げない）」という対応は，法的に許されない場合があるわけ
ですね。また，団交の議題が経営と関わりが深い場合，使用者がそ
れを理由に団交を拒否できるかという問題もあります（→【参考】
を参照してください）。

　次にⓑは，労使関係の運営に関する事項，具体的には団体交渉の
進め方などが例として挙げられます。

【参考　経営事項（経営専権事項）】──────────────

　使用者が団交を拒否する理由として，求められた議題が「経営事
項（経営専権事項）に当たること」が挙げられることがあります。し
かし，経営事項（経営専権事項）という概念は法的には存在しません。
ポイントは義務的団交事項に当たるか否かであり，当たらないもの
を便宜的に経営事項などと呼んでも別に差し支えない，という話な
のです。

　例えば，企業の合併は，まさに経営に関するテーマであり，合併
「そのもの」を義務的団交事項と言うのは難しいでしょう。しかし，
合併によって労働条件がどうなるかという限りでは，組合員の労働
条件に関係する義務的団交事項に該当すると解されます。つまり，
経営的な要素があっても，労働条件等に関する限りで義務的団交事
項に当たる，と考えるわけですね。

──────────────────────────────────

　②誠実団交義務とは，使用者は合意達成の可能性を模索して誠実
に交渉する義務を負うということです。ここで重要なのは，一見す
ると抽象的である，使用者が「誠実」であったか否かの判断要素で
す。判例によると，誠実と言えるためには，ⓐ主張の根拠を具体的

に説明すること，及び，ⓑ可能な範囲で必要な資料を提示することが使用者に求められます（カール・ツアイス事件・東京地判平成元・9・22 労判 548 号 64 頁（百選 102））。これらを欠いた不誠実な（形式的な）対応は，誠実団交義務違反で，後述する不当労働行為（→ 16.2.3）という違法行為に当たります。

　例えば，労働条件の引き下げの問題について団交を行っている場合，社長など使用者側が「会社の経営が苦しいことをわかってほしい」などと抽象的な説明しかせずに頭を下げるだけでは，誠実団交義務を尽くしたとは言えません。経営状況に関する資料を提示し，それに基づき引き下げの必要性を具体的に説明しなければ，誠実に交渉したとは言えないということですね。

　ただし，団交において，使用者が労働組合に対し「譲歩」や「妥協」を法的に求められるわけではありません。誠実な交渉を行ったにもかかわらず交渉が行き詰まった場合は，交渉を打ち切っても誠実団交義務違反ではないとされます。

　まとめると，労組法は，使用者側を交渉の席に着かせ，誠実な交渉態度をとらせることまでを保障しています。言い換えれば，交渉の「環境」を保障しているわけですね。ですから，交渉の結果がどうなるかは組合・組合員の取り組み次第です。この点は，最低基準を設定してくれる労基法と，環境は保障するものの具体的な結果は保障しないという労組法で，大きく発想が異なります。労組法の性格が横からのサポートにあること（→ 1.1.3）が実感できますね。

15.2.2　団交義務を負う使用者の範囲

　労働組合に対して団交義務（誠実団交義務）を負う使用者は，一体どの会社なのでしょうか。まず，原則はとてもシンプルで，団交

を求めている労働組合の組合員が労働契約を締結している相手方の会社です。組合員の直接の使用者（雇い主）と呼んでもいいですね。文字で書くと難しく感じるかもしれませんが，要は，企業別労働組合に対し，その企業が団交義務を負うという，当たり前の話です。

　ただ，この原則は意外に広がりを持っています。使用者は，自社と労働契約を締結している労働者が1名でも加入しているのであれば，その労働者の件については，たとえユニオン（→ 3.3.2）など企業外の労働組合であっても団交義務を負うことになるからです（上の原則にあてはめてみてください）。例えば，自社に労働組合がないとしても，自社の労働者が加入したユニオンから団体交渉の申入れを受ける可能性があるということですね（言い換えれば，団交の問題は，自社の組合の有無にかかわらず生じます）。

　この原則には例外もあります。さらに広がって，直接の使用者（雇い主）以外にも団交義務が認められる場合があります。判例によると，直接の使用者以外の企業が，組合員の労働条件等を，雇用主と部分的とはいえ同視できる程度に現実的かつ具体的に支配，決定することができる地位にある場合，その企業に団交義務が生じます（朝日放送事件・最三小判平成7・2・28民集49巻2号559頁（百選4））。

　ここでは親子会社の例を考えてみます。子会社の社員が労働組合を作っている場合，子会社の社員と労働契約を締結しているのはあくまで子会社ですから，上記の原則でいくとその組合に対し団交義務を負うのは子会社で，親会社は団交義務を負いません。

　しかし，親会社が子会社の社員の労働条件について，「影響力がある」というレベルを超えて，直接決めていると言えれば，ごく例外的に，その労働条件について子会社の社員の組合に対して団交義務を負うことになるのです。親会社が子会社に影響力を持つのは当然なので，例えば賃金という労働条件を直接決めている，すなわち，

支配決定していると言えるか否かがポイントです。いくら親子関係にあるといっても，賃金等の額自体は子会社が決めることが一般的でしょうから，この例外はあくまでかなり例外的な状況と言えます。ただ，こうした例外もあるということを知っておいてください（親子会社のほか，持株会社が事業会社の社員の労働条件を支配決定している場合などにもあてはまります）。

15.2.3 団体交渉の基礎となる考え方

以上が団交に関する基本ルールです。ここでは，団交の基礎となる①複数組合主義，②使用者の中立保持義務という2つの考え方を紹介しておきます。

①複数組合主義とは，1つの企業には1つの組合といった限定はなく，複数の労働組合が許容されることを意味します（なお，国によっては1つしか組合を認めないとする制度もあります）。

さらに言えば，労働組合は「企業別労働組合」に限られません。例えば，企業外の労働組合であるユニオンなども，労組法上の労働組合の要件（→ 15.1.2）を満たす限り，労働組合として団体交渉の権利が認められます（労働協約の締結や，不当労働行為の救済制度の利用（→ 16.3.1）なども法的に可能です）。

②使用者の中立保持義務とは，使用者は，団交義務を複数の組合に対して負う場合，一部の組合とのみ交渉するような態度は許されないということです。例えば，会社に多数派の労働組合（多数組合）と少数派の労働組合（少数組合）がある場合，多数組合とは交渉をするけれども少数組合とは交渉しない，という態度は許されません（不当労働行為〔→ 16.2.4 等〕に該当します）。どの組合に対しても交渉の機会を保障する（交渉プロセスの中立を保つ）必要がある

わけですね。①で複数の組合が許容されている以上，その複数の組合に対して，中立的な対応が求められるわけです。

15.3　労働協約

15.3.1　労働協約とは何か

第2章（→ 2.3）でも簡単に紹介しましたが，労働協約とは，労働組合と使用者の労働条件などに関する合意であって，書面に作成され，組合側代表と使用者側代表の署名または記名押印があるものです（労組法14条）。署名とは自筆のサイン，記名押印とは印刷された名前（記名）にハンコを押すことなので，サインかハンコのある合意文書ということですね。また，労働協約は就業規則と同じように「総称」なので，文書の形式的な名称は問いません。したがって，名称が「覚書」などであっても，上記を満たせば法的には労働協約となります。

なお，なぜ口約束では労働協約と認められず，文書化及び署名（あるいは記名押印）が必要かというと，労働協約は後で見るように非常に強い効力を持つからです。作成の有無などが曖昧だとトラブルのもとなので，カッチリした要件が定められています。

15.3.2　労働協約の効力

（1）基本的な考え方

まず，労働協約の適用範囲，つまり，内容の及ぶ範囲は，その労働協約を締結した組合の組合員のみです。当然といえば当然の話で

すね。社員全員が労働組合に入っていることは実際にはまずありませんので（→ 15.1.1 の組織率も参照），会社の中には労働協約の適用を受ける人と受けない人が混在するわけです。

　なお，1 つの労働協約が職場（事業場）の大部分（4 分の 3 以上）の労働者に適用される場合などについて，組合員でない労働者（非組合員）へ特別に適用される仕組み（「拡張適用」や「労働協約の一般的拘束力」と呼びます）もありますが，4 分の 3 といった要件が厳しく，実際にはあまり生じることはありませんので，紹介にとどめます（労組法 17 条等）。

　それでは，労働協約が持つ強い法的効力について理解するために，次の設例を見てみましょう。

> 【設例 15-2】　①　労働組合と会社が労働協約で○○手当の金額を 6,000 円と定めていた場合，○○手当を 5,000 円と定める就業規則の規定は組合員 A に適用されるのだろうか？　A に支払われる○○手当の額は？
> 　②　①のケースで，○○手当を 5,500 円とすることで会社と個別に合意した（個別に労働契約書を交わした）B が，入社後に労働組合に加入した場合，B の○○手当の額は？

（2）他のルールとの関係

　第 2 章でも出てきましたが，労働協約と他のルールの関係，いわば労働協約の立ち位置は次のように図示できます（→ 2.1）。

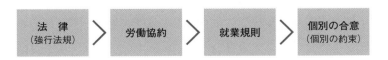

　ここでのポイントは，労働協約のほうが就業規則よりも強い点で

す（労基法92条，労契法13条）。具体的には，労働協約の規定に反
する就業規則の規定は，協約に反する部分のみ法的拘束力を持ちま
せん。なぜかと言うと，使用者が一方的に作成しうる就業規則と異
なり，労働協約は前述の通り組合と使用者の合意文書なので
（→ 15.3.1），常に組合の同意が基礎にあるからです。一方的なルー
ルと合意に基づくルールなので，バッティングした場合には合意
に基づく労働協約の方が優先されるわけですね（このように，ルー
ルの背景にある理由を知ることで，理解がより深まります）。ですから，
設例15-2の①では，組合員Aの○○手当は5,000円ではなく
6,000円となります。

(3) 労働協約の「規範的効力」

労働協約には，「規範的効力」と呼ばれる，組合員の労働条件を
労働協約で決めた通りに設定する効力があります（労組法16条）。
言い換えれば，労働協約と異なる労働条件を労働契約で定めていた
としても，協約の水準（労働条件）に修正されます。

この効力は，第2章で学んだ，労基法や就業規則が持つ強行的・
直律的効力と同じものだと考えてください（→ 2.2.3，2.4.3）。設例
15-2の②で説明すると，労働協約の6,000円という基準に違反す
る部分，つまり5,500円と定めた部分は強行的に無効となります。
そして，無効つまり空白となった部分は労働協約の基準が直接的に
規律（コントロール）することになり，6,000円となるわけです。労
働協約と労基法・就業規則で細かい違いがないわけではありません
が，基本的には同じ効力です（そして，労働協約の場合は「規範的効
力」と呼ばれています）。

(4) 労働協約が例外的に規範的効力を有しない場合

　労働協約で労働条件について定めた場合，基本的に上記の規範的効力が発生します。しかし，例外的に規範的効力を有しない場合が3つあります。これらはいずれも労組法の条文に直接には書かれておらず，労組法16条の解釈によって導かれる結論なので，注意が必要です。

　㋐組合員の個人的な事柄（退職に関することなど）や，すでに具体的に発生した個人の権利（未払賃金など）は，「個別的授権事項」と呼ばれ，組合が勝手に処分することはできません。組合員個人が当該事項について組合にゆだねる旨の授権をした場合は話が別ですが，例えば「○○を満たす組合員は退職するものとする」と協約で定めても，規範的効力によって強制的に退職となるわけではありません。

　㋑特定層の組合員だけをことさら不利益に扱う内容の場合，要するに，内容がひどすぎる場合も，規範的効力は生じません。これは，もはや，労働組合の本来の目的を逸脱して締結された場合と言えるからです。

　㋒労働協約については，一般に，組合員が集まる「組合大会」等での承認といった手続が定められていることが多いのですが，そうした重要な民主的手続を踏まないで締結された場合も規範的効力が否定されます。例として，労働組合の執行部が勝手に締結した場合などが挙げられます。

15.3.3　労働協約による労働条件の不利益変更

　労働協約の締結や既存の労働協約の改訂によって，組合員の労働条件を不利益に変更することは，原則として可能とされています（朝

日火災海上保険事件・最一小判平成 9・3・27 労判 713 号 27 頁（百選
89））。なぜ不利益変更が原則可能かというと，変更に対し労働組合
の同意が基礎にあるからです（→ 15.3.2（2）と同じ話があてはまり
ます）。労働組合が同意したということを尊重し，不利益変更に当
たる場合でも原則として拘束力を認めるわけですね。就業規則の不
利益変更が原則として認められないこと（→ 11.1.1）とは大きく異
なります。

　ただ，原則として可能ということは，例外もあります。それは，
前頁の㋐㋑㋒（→ 15.3.2（4））のいずれかに当たる場合です（㋐個
別的授権事項に関する場合，㋑特定層をことさら不利益に扱う場合，㋒
民主的な手続を欠く場合）。例えば，組合員のごく一部の人たちだけ
に極端に大きな不利益が及ぶような不利益変更は，㋑に当たる（単
なる不利益でなく，「ことさら」不利益である）として拘束力（規範的
効力）が認められないことになります。

　こうした例外を除けば，たとえ個々の組合員が不利益変更に個別
に反対していたとしても，労働協約によって労働条件が不利益に変
更されます。使用者からすると，労働協約による労働条件の不利益
変更は，後から異論が出にくい安定的な変更方法と言えるわけです
ね（就業規則であれば，同意の有無や合理性の有無などの紛争の可能性
がありました→ 11.1.2，11.1.3）。

　なお，以上を別の角度から見てみると，労働協約の締結後，組合
が当該協約の改訂に同意しない限り，当該協約で定めた労働条件が
（使用者によって一方的に）不利益に変更されることはありません。
あくまで当該協約の有効期間中（15.3.4 で後述するように，**労組法
15 条で最長 3 年です**）に限られますが，労働組合は労働協約を通し
て組合員の労働条件を守ることができるということです。

15.3.4　労働協約の終了

　労働協約が終了する場面としては，設定した期間の満了のほかに，解約という場面もありえます。ルールを簡単に整理しておくことにします。

　労働協約の解約のルールは，労働協約に①期間の定めのない場合と②期間の定めのある場合で分けられます。

　①期間の定めがない場合は，署名（あるいは記名押印）した文書で，少なくとも90日前に予告することによって，いつでも解約が可能です（つまり一方的な解約が可能です。労組法15条3項，4項）。

　②期間の定めのある場合は，期間中は，組合，使用者どちらからも，一方的な解約は認められません。ただし，組合と使用者が解約に合意すれば解約可能です。

　この解約のルールとも関連して，労働協約に期間を定める場合は，3年が上限です（労組法15条1項）。3年を超える期間を定めると3年の期間を定めたとみなされます（同15条2項）。こうした上限があるのは，期間が長すぎると，労使がその後の状況の変化に対処することが難しくなるからです。

　なお，少し意外かもしれませんが，労働協約に期間を定めず，特に支障がなければずっとその協約の規定を使い続けるということは可能です。期間が長すぎるとダメ，と言ったばかりですが，期間の定めのない協約は上記①のように解約が簡単に行えるため，状況の変化に対処しにくくなるという理由があてはまらないので，可能とされているのです。

第16章　団体行動・不当労働行為

〈本章のポイント〉　第15章でも学んだとおり，労使関係法は
「団体交渉」が中心です。しかし，使用者側が交渉の場で要求を
拒否したり，組合側に攻撃をしたりすることもあるかもしれませ
ん。そこで，労働組合には様々な活動や，ときにはストライキを
行う「団体行動」の権利が認められるとともに，「不当労働行為」
の制度が組合や組合員を守っています。本章では，こうした団体
交渉を促進するための仕組みについて学びましょう。

16.1　団体行動

16.1.1　団体行動の権利

　団体行動とは一般的に言う「集団行動」の意味ではなく，法的な
用語として使われています。労働組合の①組合活動と②争議行為を
総称して，団体行動と呼んでいます。

　①組合活動とは，労働組合の日常的な活動全般のことです（組合
「の」活動，と「の」を補うとわかりやすいです）。例えば，組合員に
よる集会や勉強会，機関誌の発行やビラの配布等が挙げられます。

　②争議行為とは，団体交渉（団交）において使用者に要求を飲ま
せるために行う圧力行動のことです。組合員が団結して働かないこ
と（法的に言えば「労務の不提供」）によって圧力をかけるストライキ
が代表例です（→【参考】も参照）。15.2.1で学んだように，使用者
には団交で労働組合に譲歩や妥協をする義務はないので，義務がな

い相手から譲歩や妥協を引き出すために，圧力をかけるという話ですね。

【参考　ストライキ以外の争議行為】

　ストライキ（古い言葉で「同盟罷 業」とも呼ばれます）が争議行為の典型例です。争議行為の他の類型としては，ピケッティング（会社等の入り口で，他の労働者や顧客等に対して職場や店舗に入ることをやめるよう呼びかけること），スローダウン（作業能率をわざと低下させて使用者へ圧力をかけること。「怠業」とも呼びます）などがあります。

　団体行動をする権利は，法的に保障されています。具体的には，団体行動が法的に見て「正当」であれば，憲法28条等を根拠として以下の保障を受けることができます。

　まず，刑事免責及び民事免責です。正当な団体行動の結果については，労働組合も個々の組合員も責任を問われることはありません。例えば，ストライキの際，強要罪（刑法223条）などの犯罪に該当しうる行為があったとしても，ストライキが争議行為として正当であれば，刑事責任は問われません（刑事免責）。また，ストライキの結果，営業ができず，使用者に多額の損害が生じた場合，この損害は組合のせいで生じていますから，通常は使用者が組合に損害賠償請求ができるはずです。しかし，ストライキが正当であれば，組合は賠償責任を免れます（民事免責）。なお，憲法に加え，労組法も確認の意味で免責に関する規定を置いています（労組法1条2項，8条）。

　もう1つは，不利益取扱いの禁止です。組合員が正当な団体行動へ参加したことなどを理由とする懲戒や解雇は，法的に無効です（労組法7条などが根拠となります→ 16.3.2）。

16.1.2　組合活動の正当性（団体行動の正当性①）

そうすると，団体行動の「正当性」が重要な意味を持ちます。組合活動，争議行為とも，複数の判断要素を用いますが，いずれもやり方（「態様」と呼ばれます）が特に重要です。

組合活動の正当性が認められるためには，組合活動は日常的な活動でもあるので，労働契約上の義務と両立しながら行われることが必要です。具体的には，態様（やり方）が労働協約や就業規則の定めに反しないことが必要です（→【参考】）。例えば，就業規則で勤務時間と定められた時間は，当然ですが勤務する義務があります。したがって，勤務時間中の組合活動は，使用者が認めた範囲を除き，原則として正当性は認められないことになります。

【参考　組合活動の正当性の判断要素】────────────

「①態様」以外に，活動の「②主体」が労働組合であること（労働組合の意思に基づく活動と認められること），活動の「③目的」が労働者の地位の向上のためであることが求められます。ただ，後述する争議行為と比べて，正当性が広く認められるのが特徴です。例えば，組合の執行部を批判する活動も，組合が民主的であるために必要な範囲であれば，労働組合が「主体」の活動と認められます。また，労働者の利益に関係する立法等を求めることも，活動の正当な「目的」であると認められます。

【設例16-1】　Y社では，業務外で会社のメールを使うことが禁止されている。Y社労働組合の委員長Xは，「組合の活動だから許されるだろう」と考え，休憩時間中に会社のメールを使って組合員に機関誌「組合通信」を送信した。Xの行為は正当な組合活動といえるだろうか？

　企業別労働組合の活動は，その企業の施設内で行われることが多いです（企業の施設には，会議室や食堂などだけでなく，メールのシステムなども含まれます）。使用者には自社の施設を管理する権利（施設管理権）が認められていますが，設例では，労働組合の権利（団体行動権）と施設管理権が衝突することになります。

　このような場合，使用者の許諾を得ずに組合活動で企業施設を利用することは許されず，組合活動としての正当性は原則として否定されます。いくら組合でも，企業施設を勝手に利用することは許されないということです。ただし，例外があります。施設の利用を許諾しないことが，使用者の施設管理権の「濫用」と言えるような場合は，正当性が認められます。例えば，個人や社内のサークル活動にはメールの（業務外の）利用を黙認しているのに，なぜか組合にだけは絶対に認めない，といった態度は，施設管理権を振りかざして組合を攻撃していると言える可能性があるでしょう。設例16-1は，使用者の許諾がないため，上記の原則からすると正当性は認められません。しかし，休憩時間中のメール送信なので，業務への実質的な支障（職場の秩序を乱すおそれ）はなさそうです。したがって，メールの利用を認めないことに何か正当な理由がある（施設管理権の濫用ではないと言える事情がある）と言えなければ，施設管理権の濫用に当たると考えられます。

16.1.3　争議行為の正当性（団体行動の正当性②）

　争議行為が正当と認められるためには，態様（やり方）が，仕事を「しない」などの労務の不提供や，言葉による平和的な説得で行われることが必要です。それを超えて，例えば社長など経営陣に暴力をふるったり，会社の建物を実力で占領（占拠）したりすると，

もはや正当性は認められません（さすがに暴力や実力行使を法が保護するわけにはいきませんよね）。ここでは，態様が重要であることをおさえてください（→【参考】）。

【参考　争議行為の正当性の判断要素】
「①態様」以外に，まず，行為の「②主体」が労働組合であることが必要です。組合の意思に基づかず，一部の組合員が勝手にストライキを行うこと（アメリカの用語の直訳で「山猫スト」と呼ばれます）には正当性はありません。次に，「③目的」が義務的団交事項（→ 15.2.1）であることが求められます。争議行為で使用者側に要求する事柄は，義務的団交事項と関係ないものであってはならないということです。最後に，「④手続」として団交開始後に行われる必要があり，団交と関係なくいきなりストライキを行うといったことには正当性はありません。以上，特に③，④からは，争議行為は団交の「ため」に行われる必要があるとも言えますね。

ところで，労働をしないということは，労働契約に基づく根本的な義務に反しているようにも思えます。実際，組合活動では仕事との両立が基本的に必要でした。しかし，争議行為は，組合活動のように日常的なものとは異なり，団交で使用者に要求を飲ませたいときのための特別な手段と言えます。ですから，態様などが法的に正当である限り，たとえ「労働」という義務を果たしていないとしても，法的な保護の対象になるわけですね。

なお，ストライキが正当であったとしても，ストライキに参加して労働しなかった（つまり不就労の）労働者に対し，使用者は原則として賃金支払いの義務を負いません（この場合，労働者の不就労に使用者の帰責性はないと言えるので，特別の定めがなければノーワーク・ノーペイの原則があてはまるからです→ 8.1.2）。

16.1.4　使用者の争議対抗行為

　労働組合に団体行動権が認められる以上，使用者は組合活動や争議行為を禁止することはできません。ただ，争議行為としてストライキが行われている場合，組合員以外の労働者によって会社の営業等を継続すること（操業の継続）はもちろん可能です。実際には，管理職等になって組合から脱退した労働者（→ 15.1.2），組合に加入していない労働者などが仕事を行うことになります（そうした労働者に仕事をしないよう呼びかけるのが，争議行為の一種である「ピケッティング」〔→ 16.1.1〕です）。

　また，労働組合の一部の組合員がストライキを行いつつ，ストライキの影響のない職場では残りの組合員が労働して賃金を得ようとすることがあります。この場合，使用者はストライキで圧力を受けつつ，一部の組合員に賃金を支払わなければならず（労働をすれば賃金の対象になるわけです），不利な状況にあります。それなら，ということで，職場を閉鎖して（ストライキへの参加の有無を問わず）組合員らに仕事をさせず，賃金も支払わないことを「ロックアウト」と呼んでいます。

　ロックアウトは，いわば使用者側の争議行為です。判例によると，ロックアウトに正当性が認められる場合，使用者はロックアウトの対象となった労働者（組合員ら）に対して賃金を支払う義務はありません（丸島水門事件・最三小判昭和 50・4・25 民集 29 巻 4 号 481 頁（百選 98））。ただし，使用者はもともと労働者より強いので，ロックアウトの正当性は原則として否定されます。ストライキで労使間のバランス（均衡）が崩れ，使用者側が著しく不利な状態にある場合に，バランス（均衡）を元に戻すための防衛手段と言える限り，例外的に正当性が認められるというのが上記判例の判断枠組みです。

16.2　不当労働行為

16.2.1　不当労働行為とは何か

　不当労働行為とは，使用者による反組合的な行為のうち，労組法7条の要件を満たす3つの行為を指します。「不当労働行為」という表記から，「労働者の不当な行為」であるとか，使用者が行う「不当な解雇など不当行為全般」と誤解されることもありますが，そうではありません（アメリカの制度を取り入れたもので，unfair（不当）labor（労働）practice（行為）の直訳です）。まずは定義の理解が重要です。

　不当労働行為は法的に禁止されており，民事上も違法な行為と扱われます。こうした禁止によって，労働組合や労働者が守られているわけですね。実際に不当労働行為をされた労働組合や労働者は，もちろん，裁判所に救済を求めることができます（司法救済）。加えて，労働委員会という行政の機関に救済を求めることもできるようになっています（行政救済）。一般に法的救済は司法救済のみですが，労働組合は法的にとても重要なので，行政救済を加えた二本立ての救済制度が用意されているわけですね。

【設例 16-2】　Y 社の労働組合である X1 労働組合の役員である X2 は，今春の定期人事異動で，東京本社から地方支店への転勤（配転）を命じられた。① X2 が本部を離れれば，X1 組合の活動に支障が生じることが予想される。また，② X2 自身も，この転勤は組合活動を理由とする不利益な扱いだとして拒否している。他方，Y 社側は，他の社員と同様のルールに基づき業務上の必要性から行った定期人事異動であると主張している。確かに，X2 の世代の社員には，本社から

地方支店への転勤が命じられる例も少なくなかった。
　X1 組合や X2 は何か救済を受けられるのだろうか？

16.2.2　不利益取扱い

　不当労働行為の 3 つの類型のうち，1 つめは，不利益取扱いの不
当労働行為です（労組法 7 条 1 号，4 号）。以下の①〜④のいずれかを
理由として行われる解雇その他の不利益取扱いを不当労働行為とし
て禁止するものです（①〜③は労組法 7 条 1 号に，④は 7 条 4 号に定め
られています）。

> ①　労働組合の組合員であること
> ②　労働組合に加入しようとしたこと，もしくは労働組合を結成し
> 　　ようとしたこと
> ③　労働組合の正当な行為をしたこと（**具体的には，正当な組合活動**
> 　　**や争議行為（→ 16.1）をしたこと**）
> ④　労働委員会へ救済を申し立てたこと

　一言で言えば，労働組合がらみの理由で労働者を不利益に扱うこ
とは，不当労働行為になるということですね。
　ただし，解雇などの客観的な不利益取扱いだけではなく，使用者
が不利益取扱いをした動機が組合がらみであること，言い換えれば，
使用者に主観的な「不当労働行為意思」があることも必要です。客
観的に不利益があればすべて不当労働行為というのでは，本来は組
合と関係がない場合にもあてはまってしまい，範囲が広すぎます。
そこで，使用者側に不当労働行為意思があることが必要です（条文
でも，不利益取扱いが組合活動等の「故をもつて（もって）」（労組法 7
条 1 号），申立て等を「理由として」（同 4 号）行われることが必要とさ

れています）。

　なお，労組法7条1号は，労働者が労働組合に加入しないこと（あるいは労働組合から脱退すること）を雇用の条件とすることも禁止しています（アメリカの用語 yellow dog contract の直訳で「　黄　　犬　契約」と呼ばれます。yellow は「臆病な」「卑怯な」といった意味です）。黄犬契約が労働組合運動の抑圧に使われてきたという歴史があるので，特に禁止規定が置かれているのです。もともとは異なる類型ですが，広い意味では不利益取扱いの一種と位置付けて構わないと思われます。

16.2.3　団交拒否

　2つめの類型は，団交拒否の不当労働行為です（労組法7条2号）。使用者に団交義務があるにもかかわらず，正当な理由もなく団体交渉を拒否することです。

　ここでは，「拒否」が広い意味を含むことに注意が必要です。①最初から最後まで一切応じないことは，もちろん「拒否」に当たります。それだけでなく，②1，2度は交渉に応じるものの，十分な交渉を尽くさないまま，一方的に打ち切ってしまうことや，③交渉には出席するものの，（資料の提示や具体的な説明といった）誠実な交渉（→ 15.2.1）を行わず，実質的な団体交渉の拒否に当たることも，「拒否」に含まれるのです。②や③は交渉を一応行っているとも言えるのですが，法的には「団交拒否」に該当するというわけですね。

　なお，第15章で学んだ団交義務の具体的な内容や，団交義務を負う使用者の範囲などもあわせて確認しておくとよいでしょう（→ 15.2.1，15.2.2）。

16.2.4 支配介入

3つめの類型は,支配介入の不当労働行為です(労組法7条3号)。支配介入とは,労働組合の「弱体化」を目的とする様々な行為のことです。「支配介入」という文字には,労働組合に「介入」して意のままに「支配」するといった印象もありますが,必ずしも「支配」までは必要ありません。組合の「弱体化」につながる行為,例えば労働者に組合からの脱退を求めるなど,組合に対する妨害や攻撃全般が支配介入に当たり禁止されます。

支配介入の例として,ある組合の組合員を不利益に扱うことが挙げられます。これはもちろん不利益取扱いの不当労働行為(→16.2.2)に該当しますが,「あの組合に入ると不利に扱われるから,入るのをやめておこう」などと組合の弱体化につながりますので,同時に支配介入にも該当します。同じように,2つの労働組合が社内に併存しているとき,多数組合とは交渉し,少数組合とは交渉しないといった対応も,もちろん少数組合に対する団交拒否の不当労働行為(→16.2.3)に該当しますが,使用者と交渉できないことは弱体化につながりますから,やはり支配介入にも当たります。つまり,支配介入は他の類型の不当労働行為と同時に成立することが少なくないわけですね。

なお,労組法の条文では,不利益取扱いの不当労働行為のように,使用者に不当労働行為意思が必要とは書かれていません。しかし,使用者の意図と関係なく不当労働行為が成立するというのも行き過ぎなので,明確な不当労働行為の意思かどうかはともかく,組合に対し含むところ,つまり,何らかの反組合的な意思は必要と考えられます。

以上からすると,設例16-2では,X1組合に対する支配介入,

X2 に対する不利益取扱いの可能性があります。ただし，Y 社側の意思（不当労働行為意思，反組合的意思）も必要です。仮に X1 組合に弱体化の効果，X2 に不利益が生じたとしても，それだけで不当労働行為があったとは言えません。よって，他の労働者の転勤の例と比較したり，X1 組合と Y 社の労使関係の現状を調べたりしながら，Y 社の意思を明らかにしていく作業が必要となります。

16.3　不当労働行為の救済

16.3.1　行政救済

不当労働行為には先に見たように2種類の救済制度があります。まず，特徴的な行政救済から紹介します（労組法27条〜）。①行政救済を担当する機関，②救済の枠組み，③救済の内容の順に紹介します。

①行政救済を担当する機関は，労働委員会という行政機関（厳密には「独立行政委員会」）です。各都道府県に都道府県労働委員会（都道府県労委）が設置されており，上部組織として中央労働委員会（中労委）があります。労働者委員，使用者委員，公益委員の三者＋事務局で構成されており，労働者委員は組合活動の経験豊富な人から，使用者委員は経営の経験豊富な人から，公益委員は弁護士や研究者などから選ばれます。事務局は都道府県（都道府県労委）や厚生労働省（中労委）の職員等が務めます。法的知識に優れた公益委員に加え，労使の現場（実態）に通じた労使の委員が参加している点に特徴があります。

②救済の大きな枠組みは，以下の図1のようにまとめられます。

不当労働行為を受けたと思った労働組合や労働者は，都道府県労委に救済を申し立てます（初審手続）。都道府県労委の判断に不満のある当事者は，中労委に再審査を求めることができます（再審査手続）。中労委の判断にも不満がある場合には，行政訴訟を提起し，労働委員会の判断が間違っているとして命令の取消しを求める訴訟（取消訴訟）の形で争うことになります（都道府県労委の判断について取消訴訟を起こすこともできますが，都道府県労委の判断に不満がある場合は中労委の再審査手続に進むのが一般的です）。

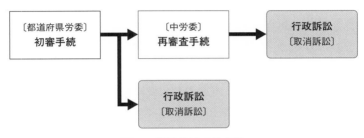

図1　行政救済の枠組み

続けて，各労働委員会における手続の流れを見ていきます。救済申立てがなされると，労働委員会が「審査」を行います。書類等の「調査」や，当事者から事情を聞く「審問」などが行われます。最終的に，「これは不当労働行為に該当する」となれば，救済命令が出され，「該当しない」となれば，棄却命令が出されます（申立てを棄てるから「棄却」命令です）。裁判と似ている面がありますね。

ただ実際には，すべてのケースで救済（または棄却）命令が出されるわけではなく，審査の途中で，労働委員会の勧告を受けて和解で解決する例も少なくありません（労組法27条の14）。労働委員会には，命令でいわば白黒を付けるだけでなく，中立的な第三者として，当事者の話し合いによる解決を促すという機能もあるわけですね。

　なお，申立ては，基本的に労働組合も個々の労働者も行うことができます。ただ，団交拒否の不当労働行為についてだけは，個々の労働者が申し立てることはできず，組合のみに申立てが認められます。また，救済申立てができる期間は不当労働行為が行われてから1年以内です（労組法27条）。かなり短いですが，行政救済は裁判（司法救済）と違って迅速な救済が重視されているため，早期の申立てが求められます（なお，不当労働行為が1回だけでなく継続的なものである場合は，終了から1年以内です。例えば，差別的な査定に基づき低い賃金が支払われている場合は，査定から1年ではなく，その査定に基づく最後の賃金支払いから1年です）。

　③救済の内容は，労働委員会は行政機関であるため，権利や義務ということをより厳格に考えなければならない裁判所（司法救済）に比べると，事案に応じた柔軟な救済が可能です。救済命令の代表例としては，以下のようなものが挙げられます。

■不利益取扱いの解雇などに対して
　原職復帰命令（「元」の職に戻せという命令　※「現」職ではありません）
　バックペイ命令（解雇期間中の未払い賃金などに当たる額を払えという命令）
■団交拒否に対して
　誠実交渉命令（あるいは団交応諾命令）
■支配介入に対して
　支配介入行為（例：組合からの脱退を求める行為〔脱退勧奨行為〕）の禁止命令
■その他，様々な不当労働行為に対して
　ポスト・ノーティス命令（文書の掲示命令）

　ポスト・ノーティス命令とは，例えば「会社の○○の行為が不当

労働行為と認定されたので，以後，再発防止に留意する」といった文書を社内に「掲示」させる命令です。社員が掲示を見ることによって，以後，同じような行為を使用者が行った場合，「これは掲示にあった不当労働行為だ」とすぐにわかります。つまり，再発防止の意味があるわけですね。他の救済命令と併せて用いられることもあります（支配介入行為の禁止命令＋ポスト・ノーティス命令など）。

16.3.2　司法救済

　労働委員会に救済を求めるのではなく，最初から裁判所に救済を求めるのが司法救済です。なお，行政救済における救済命令の取消訴訟は（裁判所が出て来るものの）司法救済とは区別して考えます。

　具体的には，使用者に対する損害賠償請求（民法709条）が典型例です。また，不当労働行為に該当する解雇や懲戒等は，労組法7条によって法的に無効とされます（労組法7条には私法上の効力〔同条にあてはまる行為を無効とする効力〕があるからです→16.2.1も参照）。解雇が不当労働行為に当たり無効であることを裁判で主張することもできるわけですね。

　ただ，実際には，労働委員会の行政救済が用いられることの方が多いようです。労使関係のまさに専門機関であること，また行政の機関なので裁判所よりもアクセスしやすい（敷居が低い）面があることなどが理由として挙げられます。

第17章 労働紛争の解決

〈本章のポイント〉 これまで，労働法の様々なルールについて学んできました。しかし，ルールが必ず守られるとは限りません。例えば，「……の場合，○○は禁止される」というルールがあるのに○○が行われたら，どうすればよいのでしょうか。この章では，身近な相談窓口から労働審判，そして裁判に至るまで，労働紛争を解決するために用意されている様々な制度について紹介します。

17.1 労働紛争の解決の枠組み

　労働紛争は様々な形で発生します。ただ，最も多いのは，使用者の行為・対応に問題があり，労働者がこれに異議を唱える形と言えそうです。もちろん労働者の問題行動が発端となることもありますが，ここでは，基本として上記の形をイメージしてください。

　紛争解決の基本は，一言で言えば「話し合い」です。労働者と使用者がよく話し合うことで，社内で解決できればそれが望ましいと言えます。ですが，残念ながら，そして当然のことながら，そうスムーズにいく場合だけではありません。

　そこで，労働者が様々なサポートを受けながら使用者と話し合うことがより重要です。例えば，労働組合のサポートを受けたり，行政から使用者に指導を行ってもらい，その上で話し合いを進めたりすることが考えられます。また，弁護士や社会保険労務士といった専門家のサポートを受けることなども考えられます。

こうした様々な話し合いの結果，最終的に労働者と使用者が合意（つまり「和解」）できれば，紛争は解決します。そして，どうしても当事者間では納得が得られない場合は，いわゆる法的手段，つまり，労働審判や裁判を利用して紛争を解決することになります。

17.2 　行政による労働相談・紛争解決

17.2.1 　労働相談

まず，行政が用意している，紛争解決のための制度について概観します。重要なのは，豊富な「労働相談」サービスが用意されていることです。行政による労働相談窓口には，大きく次の2つがあります。

> ① 　総合労働相談コーナー（**国が主体**）
> ② 　労働相談情報センター，労政事務所等（**各都道府県が主体**）

国が設置しているのが①総合労働相談コーナーです。労働基準監督署（労基署）に併設されていたり，駅ビルなどに設置されていたりすることもあります。都道府県が設置しているものが②で，自治体によって名称が多少違います（例えば，東京都では労働相談情報センターという名称です）。このほか，市町村等でも労働相談に対応してくれることがあります。

いずれの窓口も，労働問題に関する相談への対応や情報の提供などを無料で行っています。なお，労働者からの相談が主に想定されていますが，使用者としてアドバイスを求めることも有益ですし，

労使を問わず，身近に存在する相談窓口として覚えておくとよいで
しょう（インターネットで調べれば，最寄りの窓口がすぐに見つかると
思います）。

　こうした相談を通して，「とにかく困っている」という状況を脱
して，紛争の法的性質（何という法律の，第何条が関係するのか，な
ど）が明らかになると，次に進むべきプロセス（いわば「次の一
手」）が見えてくるわけです。

17.2.2　行政による紛争解決

　紛争の法的性質によって，行政がサポートできる内容が変わって
きます。具体的には，次の 3 つで大きく分けて考えることができま
す。

> ① 労基法など，行政に指導や取り締まり等の権限がある法律に関
> する紛争
> ② 労契法など，行政に指導や取り締まり等の権限がない法律に関
> する紛争
> ③ 労組法に関する紛争

　なお，③の労組法に関する紛争のことを「集団紛争」，それに対
して①②を「個別紛争」（個別労働紛争）と呼ぶことがあります。あ
くまで紛争の性質の話なので，人数の話ではありません（対象者が
1, 2 名の集団紛争もあれば，数十名が関係する個別紛争もあります）。ま
た，①②については個別労働紛争解決促進法（個別労働関係紛争の解
決の促進に関する法律）が様々な規定を置いています。

　まず，①労基法のほか，最低賃金法，均等法などでは，行政が使

用者を取り締まったり，様々な働きかけをしたりする直接的な権限が各法律によって定められています。例えば，違法な残業が行われていれば労基署（→ 2.3.3），違法な性差別であれば労働局（→ 14.3.1）に相談することで，違法状態の解消を図ることができます。また，労基法や最低賃金法など，刑事罰の規定がある法律については，刑事事件として立件される可能性も（決して高くはありませんが）ゼロではありません。

　これに対して，②労契法のように，行政には基本的に取り締まりの権限がなく，民事のルールである場合，①のように行政が動くことはできません（例えば解雇の場合，無効か否かは最終的には裁判で決まりますので，行政が動きづらい面もあると言えます）。ただ，労働局が助言や指導を行ったり，あっせんの手続（強制的な手続ではなく，紛争解決のため当事者に話し合いの場を提供するというイメージです）を行ったりすることを通して，サポートをすることは可能です（個別労働紛争解決促進法4条，5条等）。

　最後に，③労組法に関する紛争は，第16章で学んだように労働委員会という機関がありますので，ここでは省略します（→ 16.3.1）。

　以上のように，行政が関与する中で，違法状態が解消されたり，話し合いでお互いが納得（和解）できたりすれば，紛争は解決に向かうことになりますね。

17.3　裁判所（司法）による紛争解決

17.3.1　労働審判による紛争解決

　行政の関与という段階で紛争解決ができなければ，司法，つまり，

裁判所の利用が必要になってきます。ここでは，裁判（通常の訴訟）のいわば「一歩手前」に置かれた，「労働審判」という制度がとても重要な機能を果たしています。労働審判には，労働審判員の参加，迅速性，そして裁判への移行の可能性，といった 3 つの特徴があります。

　労働審判は，労働審判法に基づき，地方裁判所で行われます。ただ，裁判官 1 名（裁判官ですが，労働審判では「労働審判官」と呼ばれます）と「労働審判員」2 名で構成される「労働審判委員会」が事件を担当します。この労働審判員の存在が大きな特徴です。労働審判員は労働関係の専門的な知識・経験を有する人が任命されることになっており，裁判官（労働審判官）の法的な知識を実務的な知識・経験で補うことが期待されています。

　手続は迅速性が重視されており，原則として期日 3 回以内で終了することとされています（終了までの期間も平均すると 3 か月以内です）。裁判も以前に比べればだいぶ迅速になりましたが，労働審判の方がはるかに速いです。

　解決については，「調停」による解決（労働審判委員会が「このような形でまとめてはどうか」といった「調停」案を示し，それに双方が納得すれば調停成立です）が試みられ，調停が成立しない場合は，判決の簡易版と言える「審判（労働審判）」が結論として示されます。当事者双方が労働審判に納得し受諾すれば，そこで紛争は解決です。

　しかし，これも大きな特徴として，労働審判に納得ができない当事者は，異議を申し立てることで通常の訴訟へ移行することができるのです（労働審判法 21 条）。つまり，労働審判を使ったら裁判ができなくなるというわけではないので，まず迅速な労働審判を試みる，ということが期待されています（だから，裁判の「一歩手前」と表現しました）。労働紛争の解決に非常に重要な役割を担っています。

　なお，不当労働行為など，労組法に関する紛争（集団紛争）は，労働委員会が担当しますので，労働審判の対象外とされています。また，事案が複雑であるなど，迅速性重視の労働審判による解決には合わない場合は，労働審判委員会は手続を終了させることになっています（労働審判法 24 条）。

17.3.2　裁判による紛争解決

　最終的な紛争解決制度が裁判（訴訟）です。訴えた側（原告）の法的請求の当否を判断します（裁判における法の適用については 1.2.1 も参照）。結論は，請求をすべて認める認容判決，請求を否定する棄却判決，請求の一部を認容する一部認容判決などがあります。裁判はコスト（時間的コスト，金銭的コスト）が他の紛争解決手段よりも大きくなりますが，本格的な審理がなされ，判決という強制力のある結論が出されるという点で，やはり重要な紛争解決制度です。
　また，裁判になっても，必ず判決まで争い続けるわけではなく，途中で裁判官の勧めを受けて和解で解決する例も多いです（民事訴訟法 89 条等）。最後に裁判（判決）が控えているからこそ，「ここで，話し合いで解決しよう」といったように，当事者の話し合いによる解決が促される面もあると言えますね。

■ 事項索引

■ 判例索引

著者紹介

原　昌登 (はら　まさと)

1976 年　宮城県生まれ
1999 年　東北大学法学部卒業
同　年　東北大学法学部助手
現　在　成蹊大学法学部教授

主要著書 (いずれも共著)

『事例演習労働法 (第 3 版補訂版)』(水町勇一郎・緒方桂子編, 有斐閣, 2019)
『実践・新しい雇用社会と法』(野川 忍・水町勇一郎編, 有斐閣, 2019)
『プラクティス労働法 (第 2 版)』(山川隆一編, 信山社, 2017)

コンパクト 法学ライブラリ=13

コンパクト 労働法　第2版

2014 年 10 月 10 日 ©	初 版 発 行
2020 年 2 月 25 日 ©	第 2 版 発 行
2021 年 9 月 25 日	第 2 版第 2 刷発行

著 者　原　　昌登	発行者　森平敏孝
	印刷者　山岡影光
	製本者　小西惠介

【発行】　　　　　　　株式会社　新世社
〒151-0051　　東京都渋谷区千駄ヶ谷1丁目3番25号
編集☎(03)5474-8818(代)　　　サイエンスビル

【発売】　　　　　　　株式会社　サイエンス社
〒151-0051　　東京都渋谷区千駄ヶ谷1丁目3番25号
営業☎(03)5474-8500(代)　　　振替 00170-7-2387
FAX☎(03)5474-8900

印刷　三美印刷　　製本　ブックアート
《検印省略》

本書の内容を無断で複写複製することは,著作者および
出版者の権利を侵害することがありますので,その場合
にはあらかじめ小社あて許諾をお求め下さい。

ISBN978-4-88384-305-3
PRINTED IN JAPAN

サイエンス社・新世社のホームページ
のご案内
https://www.saiensu.co.jp
ご意見・ご要望は
shin@saiensu.co.jp　まで.